# Selbstliebe



**Alissa Lenz**



ISBN: 9798787423112

## Vorwort

Um die Kosten der Leser minimal zu halten, habe ich in diesem Buch auf Farbbilder verzichtet.

Ich hoffe, dass Ihnen dieses Buch bei Ihrem Anliegen helfen wird.

Ich würde mich sehr über eine Bewertung freuen.

Wenn Sie irgendwelche Fragen haben, aber auch bei Anregungen und konstruktiver Kritik, würde ich Sie bitten, mich zu kontaktieren:

E-Mail angelika80angi@gmail.com

Viel Spaß beim Lesen und Befolgen der Ideen und Tipps.

# Inhaltsverzeichnis

# Einleitung

Die Anforderungen an uns sind höher als je zuvor. Möglichst perfekt sollen wir in optischer Hinsicht sein – gegenübergestellt werden uns sehr häufig völlig unrealistische und retuschierte Bilder von Stars und Sternchen, die scheinbar keinen Mangel aufweisen. Kein Wunder, dass so viele Menschen sich selbst weniger gut leiden können, sich immer wieder kritisieren und mit einem geringen Selbstbewusstsein durchs Leben gehen.
Selbstliebe wird von vielen leider nicht als ein Heilmittel gegen Ängste, gegen Unsicherheit und gegen die Blindheit gegenüber den eigenen Stärken angesehen. Ganz im Gegenteil, denn Selbstliebe gilt oftmals eher als ein Anzeichen von reinem Egoismus, was mehr als bedauerlich ist.

Früher habe ich nicht verstanden, was mit Selbstliebe gemeint ist und worauf es dabei ankommt. Ich habe mich selbst in Gedanken ständig kritisiert, bin vor neuen Aufgaben zurückgescheut und konnte Komplimente nicht ohne ein „danke, aber…“ annehmen. Anders gesagt konnte ich keinerlei Kompliment wirklich annehmen und ließ mich aus Unsicherheit in Beziehungen nicht so behandeln, wie ich es mir für mich eigentlich gewünscht hätte.

Selbstliebe besteht aus viel mehr als aus einer positiven Beziehung mit sich selbst. Wer sich selbst liebt, macht das, was einem tatsächlich gefällt, und lässt sich nicht mehr von anderen ausnutzen oder schlecht behandeln. Die Ausstrahlung ist positiver, die innere Zufriedenheit steigt stark an und man traut sich plötzlich viel mehr zu. Wenn du einmal Menschen siehst, die Zufriedenheit ausstrahlen und mit aufrechter Körperhaltung und einem Lächeln durch die Straßen gehen, dann das von (Selbst)Liebe erfüllte Menschen.

In diesem Buch findest du eine kompakte Beschreibung aller Bereiche, die zu einer gesunden Selbstliebe dazugehören, mit Vorteilen, die das Training der eigenen Fähigkeiten bietet. Trainiere deine Selbstliebe jeden Tag und spüre, wie du Schritt für Schritt zufriedener, positiver und von mehr innerer Stärke erfüllt wirst. An dieser Stelle wünsche ich dir schon jetzt viel Erfolg bei der Umsetzung der Übungen und eine starke Selbstliebe – diese lohnt sich so ungemein für alle Bereiche deines Lebens!

## Selbstliebe: Purer Egoismus oder steckt mehr dahinter?

Das Konzept der Selbstliebe ist schon seit Jahren immer häufiger anzutreffen, denn sie gilt als geheime Formel für Glück, Zufriedenheit und Erfolg. Kritiker hingegen sehen in Selbstliebe puren Egoismus und erkennen den Sinn des Gedankens nicht, dass die eigene Person Priorität vor allen anderen haben sollte. Wenn du dich selbst nicht liebst, warum sollte es dann ein anderer Mensch tun? Eine beliebte und häufige Aussage, die viel Sinn macht. Selbstliebe hat nichts mit ungesundem Egoismus zu tun, sondern beinhaltet, dass wir uns um uns selbst kümmern, uns akzeptieren, lieben und nicht ständig kritisieren. Es geht also um viel mehr als nur ein paar positive Sprüche. Selbstliebe beeinflusst unser ganzes Leben, sie ändert, wie wir zu diesem stehen, und beeinflusst sogar, wer in unser Leben treten wird.

Die Selbstliebe umfasst verschiedene Bereiche, über die du auf den kommenden Seiten mehr erfahren wirst. Von Selbstakzeptanz bis hin zur Selbstachtung, zur Selbstfürsorge und zum Selbstbewusstsein sind hier unterschiedlichste Bereiche gemeint. Somit ist es viel zu einseitig zu behaupten, Selbstliebe sei auf reinen Egoismus beschränkt. Die Liebe zu uns selbst verändert uns als Person. Wir strahlen aus, dass wir uns lieben, schätzen und für uns sorgen. Wir strahlen außerdem positive Gefühle aus, wirken attraktiver, treten selbstbewusster auf, sind erfolgreicher und schrecken vor keiner Herausforderung zurück.

Am Ende geht Selbstliebe mit einer vollständigen Akzeptanz der eigenen Person einher. Sich so zu lieben, wie man ist, mit allen Seiten, allen Eigenschaften und Besonderheiten – das ist nicht leicht. Zugleich ist es wichtig, Selbstliebe nicht mit Selbstverliebtheit gleichzusetzen. Das wäre dann Egoismus oder gar Narzissmus mit ständigem Fokus auf sich selbst, ohne anderen Menschen jegliche Beachtung zu schenken oder zu akzeptieren, dass der andere Mensch ebenfalls Bedürfnisse hat, die von Bedeutung sind.

Selbstliebe bedeutet folglich weder Narzissmus noch Egoismus und hat ebenso wenig mit Arroganz zu tun. Es ist notwendig, die Bedeutung von Selbstliebe zu verstehen und nicht falsch einzuordnen, um hier von einer guten Basis aus arbeiten zu können.

Leider fehlt die Liebe zur eigenen Person, die Akzeptanz und das Wissen rund um das eigene Können vielen Menschen. Fehlende Selbstliebe führt dazu, dass wir unsicher sind, uns wenig zutrauen, negativ über uns und die Welt denken und uns auf Beziehungen einlassen, die uns verletzen oder in denen wir ausgenutzt werden.

Es hat seine Zeit gedauert, bis ich verstanden habe, warum ich mehrere Beziehungen hatte, die in Lügen und im Betrug von Seiten meiner Partner endeten. Ebenso fehlte mir das Verständnis, warum ich mit Fehlern, mit Kritik sowie mit Komplimenten absolut nicht umgehen konnte. Mir fehlte es an Selbstsicherheit und ich begab mich in emotionale Abhängigkeiten, die schlicht ungesund für mich waren. Es ist jedoch schmerzhaft, das Fehlen von Selbstliebe in vollem Umfang zu realisieren und damit umzugehen. Es fällt uns nicht leicht, nach den Ursachen für unser Verhalten zu suchen und zu verstehen, wie es so weit kommen konnte.

Doch ebendiese Suche nach den Ursachen und das Verständnis der eigenen Einstellung im Allgemeinen helfen uns sehr dabei, wenn es darum geht, eine Veränderung der aktuellen Situation zu erreichen und zu lernen, uns endlich selbst zu lieben, zu schätzen und entsprechend zu behandeln.

**Vorteile der Selbstliebe**

Insgesamt geht Selbstliebe mit vielen Vorteilen einher, von denen ich dir einige besonders schöne und eindrucksvolle Punkte vorstellen möchte. Wer sich selbst liebt:

*#1 Ist emotional stärker*

Selbstliebe führt dazu, dass wir weniger auf die Anerkennung oder ständige Bestätigung von anderen angewiesen sind. Das führt zu emotionaler Stärke und vermeidet eine emotionale Abhängigkeit von anderen Menschen. Du wirst es nicht mehr nötig haben, dich von der Meinung anderer beeinflussen zu lassen, und musst nicht mehr um deren Anerkennung buhlen. Das führt zu Unabhängigkeit, Zufriedenheit und innerer Stärke, die in allen Lebensbereichen von großer Bedeutung sind.

*#2 Ist erfolgreicher im Privat- und Berufsleben*

Selbstliebe hilft dabei, neue Herausforderungen anzunehmen. Du beginnst damit, an deine Stärken zu glauben, weißt genau, was du gut kannst und wie wertvoll du bist, und biederst dich nicht an. Sowohl im Privat- als auch im Berufsleben ist es enorm wichtig, sich nicht kleinzumachen oder unter Wert zu verkaufen. Außerdem geht mit dem Eingehen von neuen Herausforderungen ein größerer Erfolg einher, der sich auf alle Bereiche des Lebens bezieht.

*#3 Ist toleranter sich selbst und anderen gegenüber*

Wer sich selbst liebt, lernt, mit den eigenen Schwächen umzugehen. Außerdem fällt es uns dann leichter zu verzeihen, wodurch die Toleranz in Bezug auf die eigenen Fehler und Schwächen noch zunimmt. Nicht zuletzt steigt automatisch die Toleranz gegenüber anderen ebenfalls an, wir sind zudem weniger kleinlich und deutlich verständnisvoller im Allgemeinen.

*#4 Wirkt attraktiver auf andere Menschen*

Wer sich selbst liebt, strahlt diese Gefühle aus. Wenn du einmal darüber nachdenkst, stellst du schnell fest, dass diejenigen Menschen besonders attraktiv wirken, die sich selbst nicht ständig kritisieren. Wer sich hingegen ständig schlechtmacht und negative Gedanken verfolgt, strahlt dies ebenfalls aus. Selbstliebe erhöht also automatisch die Attraktivität eines Menschen. Schönheit liegt zwar im Auge des Betrachters, doch jeder wirkt attraktiver, wenn er positive Gefühle ausstrahlt.

*#5 Glaubt an seine Ziele und erreicht sie konsequent*

Durch Selbstliebe steigt das eigene Selbstvertrauen an. Wir trauen uns zu, neue Dinge auszuprobieren, Herausforderungen zu bewältigen und Probleme zu lösen. Die dadurch gewonnene Sicherheit führt dazu, dass wir uns Ziele setzen, an sie glauben und sie erreichen. Denn mit einer gesunden Selbstliebe wissen wir, was wir können, und arbeiten an der Verwirklichung unserer Ziele und Träume.

*#6 Akzeptiert die eigenen Stärken und Schwächen*

Jeder Mensch weist Stärken und Schwächen auf. Das ist etwas Natürliches, was so von uns akzeptiert werden sollte. Durch Selbstliebe akzeptieren wir unsere Schwächen und freuen uns zugleich über die Stärken, die uns auszeichnen. Das erhöht unser Selbstbewusstsein und sorgt dafür, dass wir uns nicht mehr für unsere Schwächen und angeblichen Makel schämen. Dafür gibt es schließlich keinen Grund, da jede Schwäche durch unsere vorhandenen Stärken mehr als nur aufgewogen wird.
Genügend Selbstliebe ist folglich entscheidend für eine höhere Lebensqualität, für Zufriedenheit und für Glück. Sie ist die Basis gesunder Beziehungen

ohne emotionale Abhängigkeit, starker Freundschaften und beruflicher Erfolge. Selbstliebe definiert mit, wer wir sind, wie andere uns wahrnehmen und wie wir selbst auf die Welt blicken. Das Schönste ist aber vielleicht, dass sich Selbstliebe tatsächlich trainieren lässt. Nicht jedes Kind ist schließlich mit einer gesunden Beziehung zum eigenen Körper, zu seinen Fähigkeiten und zu den eigenen Schwächen aufgewachsen.

Das ist die Ursache für eine fehlende oder zu gering ausgeprägte Selbstliebe in späteren Jahren. Der Vorteil dabei ist, dass niemand diese Tatsache oder das eigene verzerrte Selbstbild als gegeben hinnehmen muss. Durch Übungen und Geduld gelingt es jedem von uns, die eigene Selbstliebe zu stärken. Auf den nächsten Seiten erfährst du jedoch erst einmal, was alles hinter dem Konzept der Selbstliebe steckt und welche Bereiche für die persönliche Entwicklung besonders interessant sind.

## Selbstliebe: mehr als nur Selbstbewusstsein

Oft wird Selbstliebe mit einem großen Selbstbewusstsein gleichgesetzt. Dabei gehört noch viel mehr dazu! Es ist essenziell zu verstehen, wie vielseitig dieses Thema ist und auf welche Bereiche des Lebens sich Selbstliebe auswirkt. Wer sich selbst liebt, hängt weniger von anderen Menschen ab, kennt seinen eigenen Wert und lässt sich somit nicht von anderen ausnutzen oder manipulieren.

Verlustängste, Eifersucht und Perfektionismus sind nur einige Dinge, die in Folge des Aufbaus einer gesunden Selbstliebe schwinden. Es ist unabdingbar, dir bewusst zu machen, dass du mit dir selbst eine lebenslange Beziehung führst, mit dir allein und nicht mit anderen Menschen.

Andere Menschen treten in unser Leben, spielen für einen gewissen Zeitraum eine größere Rolle und bereichern unser Leben, bevor sie vielleicht wieder gehen.

Doch diese Menschen haben nicht die Aufgabe, uns glücklich zu machen oder unseren Selbstwert oder unsere Selbstachtung zu steigern. Denn dies hängt einzig von dir ab und ist ein Bereich, um den du dich selbst kümmern musst.

Doch welche Aspekte gehören zur Selbstliebe? Betrachten wir nun, was eine starke Selbstliebe ausmacht:

- *Selbstakzeptanz*

Alle seine Schwächen und Stärken bewusst zu akzeptieren: Selbstakzeptanz ist ein entscheidender Bestandteil der Selbstliebe. Sich selbst zu akzeptieren beinhaltet, sich zu respektieren, wertzuschätzen und mit der ständigen Selbstkritik aufzuhören. Es kann manchmal ein langer Prozess sein, sich rundum mit allen Besonderheiten und Macken anzunehmen. Doch er ist es wert, da damit mehr innere Stärke, Wohlbefinden, Zufriedenheit und Vertrauen in die eigenen Fähigkeiten einhergehen.

Ich musste erst lernen, mich vollständig zu akzeptieren und anzunehmen. Einfach war dieser Prozess nicht, da es viele Dinge an mir gab, die ich nicht mochte und anfangs weder annehmen noch lieben konnte beziehungsweise wollte. Doch genau darum geht es schließlich, wenn man lernen will, sich selbst mehr zu lieben. Heute kann ich akzeptieren, dass ich bestimmte Dinge nicht kann, aber dafür richtig gut in anderen bin. Durch meinen neuen Fokus auf meine Stärken statt auf meine Schwächen traue ich mir mehr zu als vorher. Mit jeder bewältigten Herausforderung glaube ich mehr an mich und weiß, was ich alles erreichen kann. Seitdem ich es geschafft habe, mich zu akzeptieren, wie ich bin, ist es mir zunehmend egal geworden, was andere Menschen über mich denken und von mir halten. Möchtest du das auch? Dann wird es dir helfen, dich mit dem Thema „Selbstakzeptanz" auseinanderzusetzen.

Du kannst natürlich weiterhin mit deinen Schwächen hadern und dich nicht vollständig akzeptieren. Doch damit tust du dir keinen Gefallen und verhinderst lediglich, dass du dich so liebst und annimmst, wie du es verdient hast. Mache dir bewusst, dass du eine mangelnde Selbstakzeptanz ausstrahlst: Du wirkst unsicher und blickst eher auf deine Schwächen anstatt auf deine Stärken. Das hindert dich daran, selbstbewusst zu sein, mehr im Leben zu erreichen und dir höhere Ziele zu setzen. Außerdem bist du der allererste Mensch, der dich akzeptieren muss. Sonst gibt es keinen Grund, warum andere Menschen dich so annehmen sollten, wie du bist.
Es beginnt immer im ersten Schritt bei dir. Sich einzugestehen, dass man gute genau wie schlechte Seiten hat, ist der Anfang auf dem Weg zu deutlich mehr Selbstliebe.

- *Selbstbewusstsein*

Ein starkes Selbstbewusstsein zu haben, wünschen wir uns alle. Die Frage ist nur, was genau mit einem starken – oder einem schwachen – Selbstbewusstsein gemeint ist. Zunächst einmal handelt es sich hierbei nicht nur um das Bewusstsein von sich als Menschen, sondern genauso um das Bewusstsein über die eigene Persönlichkeit und über seine Stärken und Schwächen im Allgemeinen. Wer selbstbewusst ist, weiß, wer er ist und was er kann. Wer sich kennt und dieses Bewusstsein entwickelt hat, braucht nicht mehr um die Anerkennung von anderen zu buhlen und hat keinen Grund mehr, das zu tun, was andere wollen, oder sich kleinzumachen.

Aber schauen wir uns im ersten Schritt zunächst die beiden Definitionen an, die im Duden in Bezug auf „Selbstbewusstsein“ zu finden sind:

1. Selbstbewusstsein ist das Bewusstsein eines Menschen. Es geht um das Bewusstsein, sich selbst als Wesen mit Gefühlen und Gedanken wahrzunehmen.
2. Selbstbewusstsein meint die Überzeugung von seinen Fähigkeiten, Stärken und Eigenschaften.

Somit unterscheidet uns das Selbstbewusstsein von Tieren, was bedeutet, dass wir uns als Wesen wahrnehmen, die fühlen und denken können. Außerdem geht es um unser Bewusstsein in Bezug auf die Wahrnehmung unserer Stärken und Schwächen. Wer ein schwach ausgeprägtes Selbstbewusstsein hat, nimmt daher seine Stärken weniger wahr und fokussiert sich eher auf seine Schwächen. Das führt wiederum zu weniger Erfolgserlebnissen im Berufs- und Privatleben und ganz klar zu einer niedrigeren Lebensqualität. Ein niedriges Selbstbewusstsein hat des Weiteren zur Folge, dass wir uns wenig zutrauen. Wir haben Angst vor neuen Herausforderungen und sind nicht in der Lage, unsere Stärken und Schwächen realistisch einzuschätzen.

Unser Selbstbewusstsein und dessen Ausprägung wird stark durch vorhandene Glaubenssätze und durch die Kindheit geprägt. Unsere Eltern und engen Bezugspersonen haben einen großen

Einfluss auf unser Selbstbewusstsein und bestimmen mit, wie wir uns sehen, fühlen und was wir von uns denken.

Wer stets seine Schwächen vor Augen geführt bekommt, hat kaum eine Chance, ein gesundes Selbstbewusstsein zu entwickeln.

Ich habe in der Vergangenheit einige Male beispielsweise zu häufig gehört, dass ich zu schlecht für bestimmte Dinge bin. Mir wurden meine scheinbar unendlich vielen Schwächen wie eine Art Spiegel vorgehalten, sodass ein Blick auf meine Stärken sehr schwierig war.

Dabei habe ich, wie jeder andere Mensch auch, durchaus viele Stärken, die mich auszeichnen. Allerdings war mein Blick auf meine eigene Persönlichkeit und meine vielen Fähigkeiten verzerrt und von dem Fokus auf meine Schwächen geprägt. Das Schöne ist jedoch, dass sich dieser Blick und diese negative Einstellung mit dem ewigen Vorhalten der eigenen Schwächen verändern lassen.

Du musst dafür allerdings aktiv werden. Dadurch konnte auch ich selbstbewusster werden und weiß heute ganz genau, wer ich bin und was ich kann. Es gibt genauso viele Dinge, die ich nicht kann. Das Spielen eines Instrumentes oder handwerkliches Geschick gehören nicht zu meinen Stärken, und Malen oder Basteln liegen mir ebenso wenig. Na und? Dafür habe ich andere Stärken – genau wie du zahlreiche Stärken hast, die du nur noch entdecken musst!

- *Selbstachtung*

Selbstachtung meint die Achtung und den Respekt vor sich selbst. Wer sich kontinuierlich kleinmacht, sich als unbedeutend hinstellt oder keinen Respekt vor sich selbst hat, besitzt keine Selbstachtung oder zu wenig davon, was ebenfalls sehr ungesund ist. Wenn man sagt, dass es manchen Personen an Selbstachtung mangelt, ist damit oft das eigene Erniedrigen dieser Personen mit dem Ziel gemeint, anderen zu gefallen. Zum Beispiel tun sie alles, um es ihrem Partner recht zu machen. Wenn du schlecht über dich denkst, dich schlecht oder ungerecht behandelst oder dich für nicht gut genug hältst, ist deine Selbstachtung schwach ausgeprägt. Es gibt viele Möglichkeiten, um festzustellen, dass es jemandem an Selbstachtung mangelt. Hierbei ist es hilfreich, sich bewusst zu machen, dass es oft leicht ist, mangelnde Selbstachtung bei anderen Menschen festzustellen. Viel schwerer ist es dagegen, wenn es um die eigene Person geht.

Wer sich aber positiv wahrnimmt, schätzt und entsprechend behandelt, achtet sich. Daher ist die

Selbstachtung, zusammen mit der Selbstakzeptanz und einem starken Selbstvertrauen, ein regelrechter Schlüssel für die Selbstliebe. Überlege dir erst einmal, ob du dein Verhalten häufig hinterfragst, also ob du dich fragst, ob es falsch war, wie du gehandelt hast. Versuchst du häufig, es anderen Menschen recht zu machen, ignorierst du dabei deine eigenen Bedürfnisse und schätzt du die Meinung anderer Menschen besonders? Gerade dann, wenn die Meinung anderer Personen scheinbar mehr wiegt als deine eigene, solltest du aufhorchen und beginnen, an deiner Selbstachtung zu arbeiten. Eine geringe Selbstachtung zeigt sich auf verschiedene Weise. Hier findest du einige Beispiele, die dir zeigen, worauf du achten solltest. Menschen mit gering ausgeprägter Selbstachtung:

- *sagen oft nicht das, was sie meinen, und haben Angst davor, bei anderen Menschen anzuecken*
- *bleiben im Hintergrund und halten sich für weniger wichtig als andere*
- *achten stark darauf, was andere Menschen über sie denken und sagen*
- *trauen sich wenig bis nichts zu*
- *zeigen durch ihre Körperhaltung, dass sie sich kleinmachen*

Fehlende Selbstachtung äußert sich unter anderem durch Unsicherheit, Minderwertigkeitsgefühlen sowie Angst. Falls du dich verlegen, verklemmt oder gehemmt im Umgang mit anderen Menschen fühlst, ist es ebenfalls an der Zeit, etwas für deine Selbstachtung zu unternehmen.

Wenn du dich freier im Umgang mit anderen Menschen fühlen und endlich das sagen willst, was du wirklich denkst, wird dir eine starke Selbstliebe ebenfalls helfen. Ich habe mich früher häufig geschämt, war unsicher und habe insbesondere einigen sehr selbstbewusst auftretenden Freundinnen nie gesagt, was ich tatsächlich dachte. Ich hatte Angst vor ihrer Reaktion und vor dem, was über mich gesagt werden würde. Ich habe meine Meinung oft zurückgehalten, wollte nicht öffentlich darüber sprechen und habe mich regelrecht versteckt – eine Realität, die sicherlich vielen bekannt ist.

- *Selbstfürsorge*

Sich selbst achtsam, mit Liebe und Geduld zu behandeln, ist ein essenzieller Bestandteil der Selbstliebe. Diese Aspekte lassen sich unter der Selbstfürsorge zusammenfassen. Es geht darum, sich selbst so zu behandeln, wie man andere Menschen behandeln würde und wie man selbst gerne behandelt werden möchte. Es gibt es keinen Grund, sich immer wieder kleinzumachen, sich selbst anzuzweifeln oder zu kritisieren. Das lässt sich ohne Frage trainieren. Niemand nimmt dir diese Arbeit ab, da es für andere Menschen nicht weiter interessant ist, ob du dich selbst liebst oder nicht.

Wie du siehst, ist die Fähigkeit zur Selbstliebe viel komplexer, als du vielleicht angenommen hast. Es handelt sich um die Fähigkeit, sich zu lieben, zu achten, für sich zu sorgen und sich anzunehmen, wie man ist.

Wem es gelingt, sich in allen Bereichen zu akzeptieren, und wer sich außerdem auf positive statt auf negative Gefühle und Gedanken konzentriert, fühlt sich rundum wohl. Damit geht einher, dass wir uns mehr zutrauen, weniger auf die Meinungen anderer geben und langfristig erfolgreicher in allen Bereichen des Lebens sind. Es gibt keinen Grund mehr, ständig an sich zu zweifeln, wenn die Selbstliebe nur stark genug ausgeprägt ist. Nimm dich an, wie du bist, und lerne, mit dir und deiner Persönlichkeit in Frieden und Harmonie zu leben.

Am Ende bleibt dir ohnehin nicht viel anderes übrig, schließlich wirst du dich nicht austauschen können. Doch du kannst innerlich stärker werden und dabei lernen, dich mit der Zeit mehr zu lieben und zu schätzen. Selbstliebe aufzubauen, ist nicht einfach, das muss ich zugeben. Schließlich werden wir in unserer Gesellschaft regelrecht darauf trainiert, dass wir unseren Fokus auf unsere vermeintlichen Makel legen, auf unsere Schwächen und Fehler anstatt auf unsere Stärken. Den meisten von uns fällt es daher schwer, sich anzunehmen, sich zu achten und liebevoll mit sich umzugehen.

**Stärken und Schwächen endlich akzeptieren**

Jeder Mensch ist einzigartig und weist verschiedene Stärken und Schwächen auf. Zuerst einmal ist hierbei zu bedenken, dass die Definition von Stärken und Schwächen unter anderem gesellschaftlich und kulturell geprägt ist. So ist Pünktlichkeit in einem Land wie Deutschland beispielsweise eine Stärke, das gilt aber sicherlich nicht für jedes Land auf der Welt. In einigen Ländern gilt es als Stärke, sich anderen Menschen anzupassen und äußerst respektvoll zu sein.

So oder so ist niemand, ganz unabhängig von den kulturellen Maßstäben, perfekt, und jeder Mensch hat individuelle Schwächen genau wie Stärken. Es ist wichtig, mit seinen eigenen Stärken und Schwächen umgehen zu können und sich dafür nicht zu kritisieren. Erst auf Basis dieser Akzeptanz gelingt es uns, mit uns besser umzugehen. Es geht folglich um die Annahme der eigenen Persönlichkeit mit all ihren Facetten.

Es wäre schließlich langweilig, wenn wir alle perfekt wären – wobei Perfektion sowieso immer subjektiv ist. Wer sich aber nicht annehmen kann, wie er ist, und Probleme damit hat zu akzeptieren, dass wir nun einmal Schwächen haben, lebt dauerhaft unzufrieden und ist unglücklich.

Doch es geht um noch mehr: Denn nur wenn ich weiß, was ich kann und was nicht, kann ich mich verbessern und stärker werden und habe die Möglichkeit, meine Stärken auszubauen. Ich fühle mich besser, wenn ich auf meine Stärken setze, anstatt ständig auf meinen Schwächen herumzuhacken.

Warum sollte ich mich dreimal in der Woche zum Leichtathletiktraining zwingen, wenn ich weiß, dass dieser Sport im Grunde nichts für mich ist? Vielleicht liegt mir Tanzen viel mehr und ich könnte dabei lauter Glücksgefühle und Erfolgserlebnisse erleben. Dafür muss ich lediglich akzeptieren, dass Leichtathletik weniger zu mir passt und Tanzen meine Leidenschaft ist. Das klingt viel leichter als gedacht, da uns von unserer Umgebung und der Gesellschaft oftmals eingeprägt wird, was richtig oder wichtig ist und was nicht. Kommst du zum Beispiel aus einer Familie, in der alle Marathon laufen, fällt es dir eventuell schwer, dich von ihren hohen Erwartungen zu befreien. Diese Erwartungen und der entsprechende Druck sind oft unbewusst vorhanden und entstehen oft nicht in böser Absicht von Seiten der Eltern.

Ich selbst habe ein wenig Zeit gebraucht, um zu verstehen, dass ich aufhören muss, stets auf meine Schwächen zu blicken. Ich habe mich früher immer dafür kritisiert, dass ich schlecht in Sprachen und im Sport war. Ich habe damals nicht verstanden, dass dies meine Schwächen sind, meine Stärken hingegen Mathe, Buchführung und das Schreiben sind. Das sind doch schon einige Stärken, nicht wahr? Hier geht es nicht darum, sich übertrieben zu loben oder eingebildet zu werden. Vielmehr solltest du deinen Blick auf dich selbst ändern. Kein Mensch kann alles.

Ich bin beispielsweise weder ein Sprachtalent noch eine Sportskanone. Na und? Dafür habe ich viele andere Stärken, die doch ebenfalls beachtenswert und wertvoll sind! Es hängt also vor allem von unserer eigenen Einstellung ab, ob wir diese Stärken sehen und annehmen können.

Es geht letztlich weniger darum, wie wir aufgewachsen sind oder was uns unsere Eltern eingeprägt haben, sondern vielmehr darum, dass du lernst, dich zu akzeptieren. Es ist ohnehin nicht zu ändern, dass du nicht in allem gut bist, das geht uns allen so. Du solltest lernen, mit deinen vorhandenen Schwächen zurechtzukommen, und es genauso schaffen, deine Stärken zu nutzen.

Versuche, dich einmal an Menschen in deinem Leben zu erinnern, die scheinbar keine Schwächen haben. Sie werden als stark wahrgenommen und ihre Stärken sind so präsent, dass sie einfach nicht als Mensch mit Makeln angesehen werden. Hier ist die Wahrscheinlichkeit aber sehr groß, dass es sich dabei um Personen handelt, die ihre Stärken genau kennen und gezielt fördern, anstatt auf ihren Schwächen herumzureiten. Das kannst du ebenfalls! Dabei solltest du dich so ehrlich wie möglich wahrnehmen und nicht kleinmachen.

Auf diese Weise beginnst du, deine Stärken mehr auszubilden, und belässt deine Schwächen so, wie sie sind. Stelle dir einmal vor, dass du wirklich gut im Joggen bist, aber keinerlei Koordination fürs Tanzen aufweist. Wenn du jetzt regelmäßig zum Tanzen gehst, überwindest du vielleicht dein Unbehagen in dieser Hinsicht. Besser fühlen wirst du dich aber eher nicht. Gehst du hingegen joggen, baust du deine Stärke noch mehr aus und wirst dich entsprechend gut fühlen. Versuche, dich dabei nicht schlecht aufgrund deiner Schwächen zu fühlen. Die Person, die umgekehrt schlecht im Joggen, aber hervorragend im Tanzen ist, hat schließlich ebenfalls Schwächen.

Es ist übrigens völlig normal, dass es einen anfangs Überwindung kostet, sich anzunehmen, wie man ist. Mit der Zeit fällt es dir aber leichter und du wirst sehen, wie gut es tut, in dieser Form an dir zu arbeiten. Du beginnst außerdem, mehr an dich zu glauben, und lässt dich eher auf Herausforderungen ein, wenn du dich akzeptieren lernst.

Mit der Zeit, durch das Aufbauen von Selbstbewusstsein und mit den Übungen, die ich dir noch vorstellen werde, habe ich dann begonnen, meine Schwächen zu akzeptieren. Selbstliebe bedeutet schließlich nicht, dass wir plötzlich perfekt und völlig ohne Makel sind. Vielmehr geht es darum, uns selbst mit anderen Augen zu sehen und diese positive Sicht auf unsere Stärken und Schwächen nicht durch andere Menschen erschüttern zu lassen. Das ist mir anfangs besonders schwergefallen, da ich mich schnell verunsichern ließ, sobald mich jemand auf eine Schwäche aufmerksam machte. Heute sage ich: Ich bin vielleicht nicht so stark in Sprachen, dafür liegen mir Zahlen! Meistens sorgt das sofort dafür, dass die anderen verstummen.

## Liebevoll mit sich selbst umgehen

Wer nur anderen Personen Liebe schenkt, geht mit sich selbst oft gar nicht so liebevoll um. Dabei beginnt Selbstliebe mit einem gütigen und fürsorglichen Umgang mit der eigenen Person. Dieser liebevolle Umgang, die eigene Wertschätzung und Selbstfürsorge sind heute für viele Menschen gar nicht selbstverständlich – was sehr schade ist, denn die Selbstfürsorge ist ein bedeutender Bestandteil eines glücklichen, zufriedenen Lebens voller Liebe. Für einen liebevollen Umgang mit sich selbst ist es erforderlich, die eigenen Bedürfnisse zu erkennen, sie zu akzeptieren und zu befriedigen. Wer liebevoll mit sich umgeht, gewinnt an

Lebensqualität dazu und lernt, auf sich achtzugeben.

Stelle dir einmal vor, dass du ständig schlecht über dich sprichst und denkst und entsprechend mit dir umgehst. Das strahlst du zum einen aus und zum anderen fühlst du dich natürlich schlecht dabei. Du denkst dann zum Beispiel, du seist weniger schön als andere Menschen etc. In einem solchen Fall kann es schnell passieren, dass du dich häufig mit anderen vergleichst, wodurch du mit großer Wahrscheinlichkeit schlechter abschneidest. Viele Menschen, die den liebevollen Umgang mit sich selbst nicht gelernt haben, nehmen Alkohol, Drogen oder ungesunde Lebensmittel zu sich. Es ist wie ein Kreislauf: Wir fühlen uns schlecht, sind unzufrieden und bestrafen unseren Körper mit Angewohnheiten, die dazu führen, dass wir uns noch schlechter fühlen.

Die andere Option ist, dass du dich achtsam und mit Liebe betrachtest und ebenso mit dir umgeht. Du achtest darauf, was dein Körper braucht, was ihm guttut und was ihm eher schadet. Es gibt dann keinen Grund mehr, sich mit ungesunder Ernährung regelrecht vollzustopfen oder gar auf Drogen, Alkohol oder die Beruhigungszigarette auszuweichen. Vielmehr wirst du verstärkt auf dich und deine Bedürfnisse eingehen und aufhören, solche ungesunden Gewohnheiten weiterhin zu pflegen. Du wirst auf gesündere Mahlzeiten umsteigen, und sehr wahrscheinlich haben Alkohol und Drogen keine Anziehungskraft mehr auf dich.

Ich persönlich habe früher das sogenannte „Frustessen“ regelrecht gefeiert. Es war normal für mich, mich an schlechten Tagen mit Schokolade, Kuchen oder Alkohol zu trösten. Geholfen hat es nicht, ganz im Gegenteil: Ich mochte mich selbst und die gesamte Situation noch weniger als zuvor. Das eine oder andere Extrakilo kam damit ebenfalls dazu, was es noch schlimmer machte.

Es dauerte seine Zeit, bis ich verstanden habe, dass ich mich zuerst besser um mich kümmern muss, um meine Bedürfnisse und um alles, was ich brauche, und zwar ohne meinen Blick stets auf meine Mitmenschen zu richten. Das war eine regelrechte Offenbarung, denn ich bemerkte, wie viel besser es mir im Allgemeinen ging, wenn ich meine Bedürfnisse anerkannte, zum Beispiel das Bedürfnis nach Ruhe, nach Freiheit, frischer Luft, Bewegung oder Zeit für mich. Seitdem ich nicht mehr dafür lebe, was andere von mir wollen oder sich wünschen, fühle ich mich freier.

### *Aufgaben im Rahmen der Selbstfürsorge*

Folgende Dinge sind im Rahmen der Selbstfürsorge und eines liebevollen Umgangs mit sich selbst zu beachten:

1. Auf die eigenen Bedürfnisse hören

Bedürfnisse hat ausnahmslos jeder Mensch. Diese werden allerdings nicht immer von uns beachtet, ganz im Gegenteil. Ein gutes Beispiel sind Mütter, die kleine Kinder haben und sich um diese kümmern. Die Bedürfnisse dieser Mütter haben dann im Alltag oftmals gar keinen Raum mehr, und alles, was die Kinder brauchen, steht an oberster Stelle. Das ist ein normaler und natürlicher Instinkt. Dennoch ist es unerlässlich, die eigenen Bedürfnisse in einem gewissen Rahmen zu beachten.

Bleiben wir beim genannten Beispiel der Mütter mit kleinen Kindern: Es kann beispielsweise helfen, wenn bewusst kleine Auszeiten in den Alltag eingebaut werden. Ein- oder zweimal in der Woche ist es sicherlich möglich, sich eine gewisse Zeit für sich zu nehmen, wenn die Kinder beispielsweise schlafen oder betreut werden. Letztendlich ist es in fast allen Lebensumständen möglich, sich zwischenzeitlich Auszeiten zu nehmen. Oft helfen dabei eine gewisse Umverteilung der Aufgaben im Alltag oder die

Verschiebung von Prioritäten weiter. Vorher ist es entscheidend, sich selbst so kennenzulernen, dass es einem möglich ist, die eigenen Bedürfnisse wahrzunehmen.

Es hat bei mir beispielsweise lange gedauert, bis ich akzeptiert habe, dass ich weniger gesellig als andere bin und einfach zwischendurch Zeit für mich brauche, die ich mir früher nicht ausreichend genommen habe. Es machte bereits einen enormen Unterschied aus, mir einzugestehen, dass ich dieses Bedürfnis habe.

2. Selbstkritik stoppen und liebevoller mit sich umgehen

Es gibt kaum ein Verhalten, welches Selbstliebe und Selbstvertrauen so weit untergräbt, wie es bei Selbstkritik der Fall ist. Diese hat nichts mit einem liebevollen Umgang mit sich zu tun. Sobald wir uns kritisieren, fühlen wir uns schlecht, machen uns klein und untergraben einen positiven Umgang mit uns. Sogar unsere Ausstrahlung wird stark durch Selbstkritik beeinflusst, unsere Gedanken fallen negativ aus und wir setzen uns ständig unter Druck. Daher ist Selbstliebe unerreichbar, wenn es uns nicht möglich ist, die Selbstkritik zu erkennen und zu stoppen. In den Übungen weiter unten findest du Tipps dazu, wie du weniger selbstkritisch wirst.

### 3. Positives Feedback einholen

Wer sich stets kritisiert und kein positives Feedback bekommt, kann gar keine Selbstliebe entwickeln, ganz im Gegenteil. Deshalb ist es so nützlich, sich positives Feedback zu holen, um positive Gefühle zu verspüren. Es muss sich dabei allerdings keineswegs um eine Meinung handeln, die von außen kommt. Vielmehr ist es sehr gut möglich, dass du selbstständig für positives Feedback sorgst: Mache dir dafür positive Momente in deinem Leben bewusst, erkenne deine bisherigen Erfolge und Stärken an und freue dich über alles, was dir gut gelungen ist und gelingt. Auf diese Weise spürst du, wie wertvoll du bist, und kannst dich in Zukunft an dieses positive Feedback erinnern. Oft hilft schon eine kleine Veränderung der aktuellen Einstellung, wenn es um eine neue Sicht auf das Leben geht.

### 4. Eigene Grenzen akzeptieren

Jeder von uns hat Grenzen, die respektiert und akzeptiert werden sollten. Nicht immer fällt uns das leicht, jedoch hilft es, sich der eigenen Grenzen zunächst bewusst zu werden. So ist es völlig normal, dass es Dinge gibt, die du nicht machen willst oder die nicht zu dir passen. Diese Grenzen solltest du nicht ignorieren. Dies gilt vor allem für Grenzen im Bereich „Stress“, „soziales Miteinander“, „Geduld“ und bei der allgemeinen „Aufmerksamkeit im Alltag“. Du hast Grenzen, die du unbedingt berücksichtigen solltest, wenn du verständnis- und liebevoll mit dir umgehen willst.

5. Sich von negativem Feedback abgrenzen

Wir sind von vielen Menschen umgeben, die negative Gefühle ausstrahlen. Wer jedoch häufig negatives Feedback von anderen bekommt, hat es deutlich schwerer, sich selbst mit liebevollen Augen zu betrachten. Daher ist es enorm wichtig, sich bis zu einem gewissen Punkt von negativem Feedback abzugrenzen. Anders gesagt: Wenn du liebevoll mit dir umgehen willst, solltest du dich selbst positiv betrachten. Achte auf deine Stärken, Erfolge und auf alles Schöne, was es in deinem Leben gibt. Und versuche dabei, dich möglichst von den Menschen abzugrenzen, die dir nur negatives Feedback entgegenbringen. Das ist einerseits gesünder für dich und andererseits ein gutes Mittel, um für mehr positive Gefühle im Leben zu sorgen.

6. Gesünder leben

Der liebevolle Umgang mit sich selbst beinhaltet den gesamten Körper und Geist. Das bedeutet, dass du mit steigender Selbstliebe und einem verstärkten Blick auf die eigenen Bedürfnisse gesünder, bewusster und achtsamer leben willst.

Gemeint ist damit, dass du dir beispielsweise gesunde Mahlzeiten zubereitest und diese mit Ruhe, Bissen für Bissen, zu dir nimmst, ohne Ablenkungen, ohne Hast und ohne Mahlzeiten zu wählen, die dir nicht guttun. Ein gesundes Leben bedeutet für mich außerdem ausreichend Bewegung und wenig Medienkonsum, der mich meist eher unzufrieden und träge macht. Du wirst merken, dass du dich umso wohler fühlst, je mehr du für deine Gesundheit tust.

## 7. Sich eine Freude machen

Wann hast du dir das letzte Mal selbst eine Freude gemacht? Etwas getan, was nur für dich bestimmt war, was dir guttat und dich erfüllt hat? Bei vielen dauert es ein wenig, bis sie eine Antwort auf diese Frage finden. Alles, was länger als zwei oder drei Tage her ist, ist ohnehin zu lange her.

Vor dem gezielten Aufbauen meiner Selbstliebe habe ich wenig darauf geachtet, was mir wirklich guttut, und mir nur selten eine Freude bereitet – was sehr schade ist, denn das Gefühl nach einem Friseurbesuch, einer Massage, einem Kinofilm oder dem Genuss meines Lieblingsessens ist einfach nur wunderbar. Es tut gut, sich wichtig zu nehmen und nicht immer erst alle anderen Menschen glücklich zu machen. Mache dir selbst eine Freude und überlege dir, was dir richtig guttut. Was erfüllt dich, was brauchst du, um abzuschalten und dich wohlzufühlen?

Der liebevolle Umgang mit sich selbst hilft einem dabei, sich mit anderen Augen zu sehen, nämlich mit mehr Verständnis und Liebe. Genau hier fängt Selbstliebe an, denn Selbstliebe bedeutet, voller Liebe mit sich umzugehen. Das wiederum beinhaltet, es gut mit sich zu meinen und so mit sich umzugehen, dass es einem rundum gut geht.

Dies umfasst den Blick auf die eigenen Bedürfnisse, Grenzen und ein positives Feedback sowie ein gesundes Leben. Schließlich ist ein liebevoller Umgang mit sich selbst darauf ausgerichtet, dass man sich vor Krankheiten und Schäden schützen will. Wenn du nur das machst, was dir guttut, dann schützt du dich von Anfang an vor einer Lebensweise, die deinem Körper und deiner Gesundheit schadet. Und je gesünder und fitter du bist, desto besser fühlst du dich. Es stellt einen regelrechten Kreislauf dar: Je besser du dich innerlich fühlst, desto mehr strahlst du dieses Gefühl aus. Ein liebevoller Umgang mit sich selbst geht mit positiven Gedanken und Emotionen sowie mit dem Gefühl von Liebe einher. Kein Wunder also, dass es so bedeutsam ist, bei sich selbst mit positiven Gefühlen und mit viel Liebe zu beginnen.

**Herausforderungen annehmen und Erfolge feiern**

Das Leben steckt voller Herausforderungen, die negativ eingestellte Menschen meist als „Probleme" bezeichnen. Wer dagegen positiv eingestellt ist und an sich und die eigenen Fähigkeiten glaubt, sieht sie als Herausforderungen an, die zu bewältigen sind. Selbstliebe beinhaltet die Fähigkeit, sich zu vertrauen und selbstsicher zu sein, Neues zu wagen, weniger Angst vor einem Misserfolg zu haben und sich auf ganz neue Erlebnisse einzulassen.

All das meint Selbstsicherheit, mit der du Schritt für Schritt neue Wege in deinem Leben einschlägst. Wer selbstsicher ist und zudem genau weiß, was er kann und was nicht, wird es leichter haben, sich an neue Herausforderungen zu wagen. Somit lässt sich Selbstliebe als Schlüssel für mehr Mut und Selbstvertrauen bezeichnen. Personen, die an sich zweifeln und ihre bisherigen Erfolge nicht feiern, werden es sehr schwer haben, sich an Herausforderungen zu wagen, ganz gleich, um welche es geht.

Um Herausforderungen anzunehmen, muss man zunächst die eigenen Stärken und Schwächen akzeptieren. Mit diesem Wissen und dieser Akzeptanz als Basis fällt es uns wesentlich leichter, uns auf Herausforderungen aller Art einzulassen. Stelle dir einmal vor, dass dich jemand fragt, ob du eine Präsentation vor einem wichtigen Kunden halten kannst, um diesen von einer Projektidee zu überzeugen. Wer sich nicht an diese Herausforderung heranwagt, wird beruflich eher weniger mit Erfolgen rechnen können. Unsicherheit und der Fokus auf Probleme statt auf Chancen bewirken, dass du Misserfolge zu verzeichnen hast.

Das muss aber nicht sein, da es durch einige Änderungen in Bezug auf deine innere Einstellung möglich ist, dass du positive Ergebnisse erzielst.

Gehen wir einmal davon aus, dass du deine Stärken und Schwächen kennst und weißt, dass du gut präsentieren und Menschen überzeugen kannst. Warum solltest du dich dann nicht an diese Herausforderung wagen, was spricht dagegen, die Präsentation zu übernehmen?

Mit einer solchen Einstellung ist die Wahrscheinlichkeit wirklich enorm groß, dass die Präsentation zum Erfolg wird und der Kunde sich für das Projekt entscheidet. Das Ausschlaggebende ist hier die persönliche Einstellung, also die jeweilige Herangehensweise an dieses Thema. Dies gilt entsprechend für Herausforderungen aller Art.

Wer sich liebt, an sich glaubt und seine Stärken genau kennt, hat kein Problem damit, sich hier auszutesten, da er aus Erfahrung weiß, dass er in seine Fähigkeiten vertrauen kann. Das Ergebnis, welches dann zu erwarten ist, ist mit einer solchen Einstellung vollkommen anders als mit einer unsicheren Grundeinstellung.

Es ist von größter Bedeutung, den Umgang mit Herausforderungen zu üben und sich regelmäßig auf das zu fokussieren, was man bereits geschafft hat. Du wirst, wie jeder andere Mensch auch, schon viele Erfolge im Leben erreicht haben. Jetzt gilt es, dir diese vor Augen zu halten, an dich zu glauben und nicht an deine bisherigen Misserfolge zurückzudenken. Denn Misserfolge hat jeder von uns schon verbucht und es wäre wirklich schade und sehr kontraproduktiv, sich auf diese zu konzentrieren.

Mache dir bewusst, was du bereits alles geschafft hast, und versuche dann, dir im Alltag immer mehr zuzutrauen. Oft sind es die kleinen Erfolge und Dinge, die dir gelingen, die dich zuversichtlich machen. Wer beispielsweise Angst vor Aufzügen hat, wird jede Fahrt im Aufzug mit Schrecken hinter sich bringen. Fokussiere dich in diesem Fall darauf, dass du die Fahrt geschafft und sie dir zugetraut hast, und nicht auf die Angst an sich. Mit der Zeit wirst du dadurch selbstbewusster und beginnst, dir auch in anderen Bereichen mehr zuzutrauen. Es ist meistens wirksam, wenn du deinen Ängsten begegnest und anfängst, dich mit ihnen zu konfrontieren.

Das gilt für die Angst vor engen Räumen, Höhen oder bestimmten Tieren genauso wie für etwaige soziale Situationen, die dir Angst machen. Je öfter es dir gelingt, dich diesen Situationen zu stellen, desto besser. Denn erst dadurch wirst du mit der Zeit deine Ängste überwinden und es gelingt dir, dass du Herausforderungen nicht mehr scheust. Schließlich blockieren uns unsere Ängste und schränken uns im Alltag erheblich ein, was nicht unterschätzt werden sollte.

Trainiere mit den Übungen aus diesem Buch deine Fähigkeit, dich an Herausforderungen heranzuwagen. Höre damit auf zu sagen „Ich kann das nicht!", da die Wahrscheinlichkeit, dass du es doch kannst, sehr hoch ist.

Es geht einzig und allein darum, es zu versuchen, an sich zu glauben und sich nicht sogleich entmutigen zu lassen. Fest steht außerdem, dass du immer selbstbewusster und innerlich stärker wirst, umso mehr Erfolge du vorweisen kannst. Versuche daher in jeder Situation, in der du „Probleme" siehst und dich nicht an etwas herantraust, innezuhalten.

Im nächsten Schritt geht es darum, dich bewusst selbst zu bestärken und dich so an die neue Situation heranzuwagen. Im Zusammenhang damit empfehle ich dir Affirmationen, also bestärkende Sätze, zu denen du auf den folgenden Seiten noch Übungen finden wirst. Diese helfen dir dabei, dich zu motivieren, damit du den Mut hast, es einfach zu versuchen. Meistens läuft es dann viel besser als angenommen.

Seitdem ich aufgehört habe, vor jeglichen Herausforderungen zurückzuschrecken, läuft es bei mir ohne Frage besser als vorher: Ich probiere regelmäßig neue Dinge aus und bin oft sehr positiv überrascht, weil mir doch so vieles gelingt – ein gutes Gefühl, welches ich nicht missen möchte und welches meine Motivation fürs nächste Mal noch weiter stärkt.

Selbstliebe ist vielschichtig, wie du siehst. Sie ist der Schlüssel für echte Veränderungen in deinem Leben, die du zweifellos erreichen kannst. Du musst es lediglich wollen und damit beginnen, an dich und deine Stärken zu glauben.

Bei mir persönlich gehörte es zu meinen größten Hindernissen überhaupt, dass ich nicht an mich glauben konnte. In dem Moment, in dem ich mich mehr auf meine Stärken und Erfolge konzentrierte, konnte ich daher einiges zum Besseren hin verändern. Ich begann damit, meine Stärken mehr zu sehen und anders an vermeintliche Probleme heranzugehen.

Ich sah Lösungen, wo andere sich nur beschwerten und nichts änderten. Diese Lösungen konnte ich umsetzen und wuchs persönlich enorm daran.

Es gab zwar immer wieder Misserfolge auf diesem Weg, die ich gar nicht verheimlichen möchte. So ist der Versuch, meine Höhenangst zu überwinden, irgendwann durch das Klettern und Abseilen an verschiedenen Orten erfolgreich gewesen. Der eine Versuch, es mit der Zipline zu versuchen, ist aber extrem schiefgegangen, doch heute kann ich fast mit einem Lachen auf meine Panik zurückblicken.

Das hindert mich nicht daran, mich an neue Abenteuer zu wagen und immer neuen Herausforderungen zu begegnen. Mit der Zeit wurde ich mutiger und selbstsicherer und weiß heute, dass „Ich kann das nicht!“ ein Satz ist, der aus meinem Leben gestrichen gehört.

Jeder Mensch bezeichnet unterschiedliche Dinge als Herausforderung. Wer keine Höhenangst hat, wird den Besuch im Klettergarten einfach als Riesenspaß und nicht als große Überwindung ansehen. In jedem Fall sollte man an sich und seine Fähigkeiten glauben. Versuche, dich im ersten Schritt an deine bisherigen Erfolge zu erinnern, rufe sie dir ins Gedächtnis und streiche den Satz „Ich kann das nicht“ möglichst aus deinem Leben. Du kannst nur gewinnen, wenn du mutig bist, und du wirst sehen, welche positiven Effekte ein solches Verhalten mit sich bringt. Es ist bei Freizeitaktivitäten genauso hilfreich wie im beruflichen und privaten Leben. Versuche daher, öfter mal aus einem möglichen Problem eine echte Challenge zu machen, eine Herausforderung, die du definitiv meistern kannst. Es fühlt sich unglaublich gut an,

Herausforderungen zu bewältigen, und so lernst du, immer mehr an dich selbst zu glauben.

**Positive Gedanken und Selbstliebe: mehr Zufriedenheit im Leben**

Selbstliebe und positive Gedanken sind sehr eng miteinander verbunden und sorgen dafür, dass insgesamt ein positiverer Blick auf das eigene Leben möglich wird. Wer stets negativ denkt, schwächt sich selbst und ist zudem weniger selbstbewusst und insgesamt unzufriedener im Leben. Daher sollte das Thema „Selbstliebe“ nie losgelöst von der Macht positiver Gedanken betrachtet werden. Wir haben tagtäglich unzählige Gedanken und sehr viele davon finden eher unbewusst statt. Doch es gibt ebenso eine Vielzahl von Gedanken, die wir aktiv wahrnehmen und steuern können.

Hier gibt es wesentliche Unterschiede zwischen positiven und negativen Gedanken. Du kannst selbst beeinflussen, in welche Richtung deine Gedanken gehen, ob diese positiv oder negativ sind. Gedanken machen uns aus, denn sie haben einen enormen Einfluss auf uns und bestimmen, wie wir uns fühlen, was wir ausstrahlen und wie wir mit uns selbst umgehen. Es ist unglaublich hilfreich, darauf zu achten, wie und was man denkt. Erst wenn du beginnst, positiver zu denken, kann sich dein Leben in die gleiche Richtung entwickeln, wie es deine Gedanken vorgeben.

Früher waren meine Gedanken meist eher negativ als positiv. Genauso sah meine gesamte Lebenseinstellung aus: Ich blickte nicht sehr positiv auf die Zukunft, glaubte nicht an mich und begann viele Tage schon morgens mit negativen Gedanken – und beendete die Tage auch genauso. Sehr stark vertreten waren dabei selbstkritische Gedanken über mich und meine Fähigkeiten und solche, die mich zum Zweifeln brachten. Ich zweifelte nicht nur an mir, sondern dachte genauso negativ über die Welt und das Leben im Allgemeinen. Das strahlte ich selbstverständlich aus, zog entsprechende Menschen in mein Leben und war alles, nur nicht zufrieden oder glücklich. Vielmehr war ich dauerhaft gestresst und schnell wurde mir alles zu viel. Hier war es für mich sehr wichtig, meine Gedanken zu verändern und positiver zu denken, um mich besser zu fühlen.

Es macht Sinn, die Fähigkeit der Selbstliebe und das bewusste Produzieren positiver Gedanken gleichzeitig zu trainieren. Denn es handelt sich hierbei um eine Art Kreislauf. Allein der Fokus auf positive Gedanken bewirkt bereits sehr viel, er stärkt den Blick auf sich selbst und hat positive Auswirkungen auf verschiedenste Lebensbereiche. Doch positive Gedanken allein bedeuten noch nicht, dass das eigene Selbstwertgefühl automatisch stärker wird oder man liebevoller mit sich umgeht. Andersherum fällt das Training der Selbstliebe enorm schwer, wenn man stets negativen Gedanken nachhängt.

Folgende Vorteile bringen positive Gedanken mit sich:

- *Du bist insgesamt glücklicher.*
- *Dein Immunsystem wird gestärkt und so wirst du seltener krank.*
- *Das Stresslevel sinkt und dein Umgang mit Stress wird verbessert.*
- *Du bist beruflich genau wie privat erfolgreicher.*

- *Du glaubst an dich und deinen Erfolg und traust dir Herausforderungen zu.*
- *Bei Krankheiten setzt die Heilung meist schneller ein oder wird durch die positive Denkweise oft erst möglich.*
- *Der Umgang mit Schicksalsschlägen und allen Arten von Problemen im Leben fällt dir leichter.*
- *Die Kontrolle über die eigenen Gedanken zu haben, macht dich stärker und zufriedener.*

Später im Buch findest du verschiedene Übungen, die dir dabei helfen, deine Selbstliebe in allen Bereichen zu stärken. Es geht ebenfalls um mehr Zufriedenheit, um positive Gefühle und um mehr Glück im Allgemeinen. Du beginnst damit, positiver über dich zu denken, dich weniger zu kritisieren und dich gleichzeitig liebevoller zu betrachten. Außerdem blickst du positiver in die Zukunft und kannst mit der Zeit anfangen, dein ganzes Leben optimistischer zu sehen. Zusätzlich kannst du ganz gezielt positive Gedanken trainieren. Die drei nun folgenden Übungen sind meine Lieblingsübungen, die mich seit vielen Monaten begleiten und viel bewirkt sowie meinen Fokus verschoben haben. Heute praktiziere ich positive Gedanken ganz aktiv und bin insgesamt optimistischer und zuversichtlicher geworden. Das hängt sicherlich damit zusammen, dass ich zusätzlich daran glaube, dass mir alles gelingen kann, wenn ich es nur richtig angehe. Kommen wir aber erst einmal zu den besagten drei Übungen für mehr positive Gedanken:

*#1 Das positive Tagebuch*

Eine sehr schöne und zugleich leicht umsetzbare Übung ist die Führung eines Tagebuches, in welches du täglich hineinschreibst. Es geht dabei nicht allein darum, deine Gedanken und Gefühle sowie all das hineinzuschreiben, was in deinem Leben passiert ist. Vielmehr handelt es sich um ein ganz besonderes Tagebuch, welches sich gezielt auf positive Erlebnisse konzentriert. Schreibe dort jeden Abend mindestens drei, besser noch fünf Punkte hinein, die an diesem Tag positiv waren. Auf diese Weise stellst du fest, wie viel Gutes dir passiert und wie positiv dein Leben wirklich ist – eine wichtige Lektion, die auf Dauer dafür sorgt, dass unsere Gedanken sich verändern. Du wirst dadurch immer mehr auf positive statt auf negative Ereignisse achten und deine Wahrnehmung mit der Zeit verändern. Ich führe mein positives Tagebuch seit mehr als drei Jahren und achte darauf, dass ich täglich hineinschreibe. Es gibt schlechte Tage, an denen ich mich weniger gut und positiv gestimmt fühle, und an diesen

Tagen hilft es mir, in das Tagebuch zu schauen und zu lesen, was mir an anderen Tagen alles Gutes passiert ist. In jedem Fall möchte ich diese besondere Form des Tagebuches heute nicht mehr missen.

*#2 Ein positiver Tagesstart*

Die Art, wie du direkt nach dem Aufwachen denkst und auf den Tag blickst, macht einen enormen Unterschied für dich aus. Beginnst du deinen Tag beispielsweise mit negativen Gedanken oder traurig und unmotiviert, fängst du gar nicht gut an. Die Wahrscheinlichkeit, dass der Tag im Anschluss noch auf irgendeine Weise gut wird, ist bei einem solchen Beginn nicht sehr hoch. Selbstliebe und positive Gedanken beginnen bereits in deinem Kopf, also bei deiner Einstellung.

Fange daher anders an und nimm dir nach dem Aufwachen für einen Moment Zeit für dich und für das Erschaffen positiver Gefühle. Freue dich auf den Tag und rufe dir die Dinge auf, die an diesem Tag positiv sein werden. Blende dabei alles aus, was deine positive Grundeinstellung erschüttern könnte. Ich male mir meist schon beim Aufwachen im Bett aus, was der neue Tag für mich bereithält. Hier finden Punkte wie das Treffen mit meinen Freunden am Abend oder der Sportkurs bereits

Platz in meinen Gedanken. Je positiver ich mir den Tag ausmale und je mehr ich mich auf diesen freue, desto schöner wird er. Daher ist es enorm hilfreich, den Tag mit solchen Gedanken und so positiv wie nur möglich zu beginnen. Du nimmst den gesamten Tag anders wahr und verschwendest keine Energie mehr auf negative Gefühle. Außerdem schulst du dadurch einen achtsamen und bewussten Umgang mit dem Moment.

Male dir ruhig gedanklich aus, welche positiven Dinge dich heute erwarten, und finde Gründe, die zeigen, warum es sich um einen ganz besonderen Tag handelt. Mit der Zeit verändert sich so deine Einstellung zum Leben, sie wird positiver und du nimmst schöne Momente vermehrt wahr.

### *#3 Die Bilanz*

Eine weitere Übung, die mir sehr dabei hilft, positiver zu denken und selbst in schweren Momenten nicht den Kopf zu verlieren, ist diese: Ziehe eine Bilanz und schaue dir an, welche Erfahrungen dir einzelne Erlebnisse eingebracht haben. Meiner Erfahrung nach gibt es in jeder Situation etwas Positives, immer einen Punkt, auf den wir am Anfang nicht achten. Diese Dinge fallen beim Ziehen einer Bilanz im Nachhinein aber sehr wohl auf und helfen dir dabei, sogar problematische Situationen in einem anderen Licht zu betrachten. Es geht hierbei also in erster Linie darum, Erlebnisse aus einer neuen Perspektive zu sehen.

Die meisten Menschen sehen in Anbetracht von Schicksalsschlägen oder Problemen erst einmal stets das Negative an der Situation. Natürlich fällt es uns oft schwer, etwas Positives zu erkennen, wenn man gerade krank ist, finanziell ruiniert ist oder eine Trennung hinter sich hat. In solchen Momenten kann es enorm schwierig sein, jetzt noch nach positiven Aspekten zu suchen. Mit der Zeit wird dir dies aber leichter fallen, da alles am Ende eine Frage des jeweiligen Blickwinkels ist. Um das zu üben, ziehe eine Bilanz, wahlweise in Gedanken oder auf dem Papier, und stelle dabei die positiven Aspekte einer ansonsten unschönen Situation in den Vordergrund. Du sollst und brauchst dir nicht zwanghaft alle Situationen schönreden, die dir negativ vorkommen. Es geht lediglich darum, dass du deinen negativen Blick auf bestimmte Erlebnisse ablegst.

Versuche, dabei zudem einen Blick in Richtung Zukunft zu werfen:

Mir ist es oft passiert, dass Ereignisse, die mir anfangs sehr negativ erschienen, am Ende doch zu etwas Gutem geführt haben, so zum Beispiel die Trennung von meinem damaligen Partner vor einigen Jahren, die ich anfangs absolut negativ einstufte. Am Ende führte erst diese Trennung dazu, dass ich mir einen anderen und viel besseren Job suchte und mich außerdem mit dem Thema „Selbstliebe“ befasste – was definitiv einen positiven Effekt auf mich hatte. Versuche daher, bestimmte Aspekte in deinem Leben weniger einseitig zu sehen. Ziehe eine Bilanz und achte dabei auf all die positiven Punkte, die vielleicht erst beim zweiten Hinsehen genauer zu erkennen sind.

Denke immer daran, dass eine positive Denkweise dafür sorgt, dass du stärker und resilienter bist, wenn es um Schicksalsschläge oder um Herausforderungen aller Art geht. Du traust dir dann mehr zu, reduzierst Stress und kannst besser damit umgehen, wenn es doch einmal anstrengend und stressig wird. Insgesamt bist du psychisch widerstandsfähiger und lebst diversen Studien zufolge sogar länger, wenn du positiv eingestellt bist. Dein Immunsystem wird ebenfalls dadurch gestärkt, und es fällt dir zudem wesentlich leichter, Selbstliebe zu praktizieren.

Daher macht es Sinn, beide Themen zu betrachten und nicht nur isoliert vom Fokus auf positives Denken zu versuchen, die Selbstliebe zu stärken. Sobald du beides berücksichtigst, fällt es dir leichter, an dir zu arbeiten und für mehr

Selbstliebe und Optimismus zu sorgen, was ohne Frage große Auswirkungen auf dein Leben hat, wenn du mit der Zeit immer mehr lernst, an dich zu glauben und weniger an dir zu zweifeln.

## Negative Glaubenssätze erkennen: Selbstliebe aktiv unterstützen

Direkt von den positiven Gedanken ausgehend, die für den Aufbau deiner Selbstliebe so entscheidend sind, kommen wir nun zu den negativen Glaubenssätzen. Es handelt sich bei diesen um Einstellungen beziehungsweise Meinungen zu bestimmten Themen, an die wir fest glauben. In vielen Fällen werden diese Glaubenssätze bereits in der Kindheit geprägt. Sie beziehen sich auf Meinungen über uns selbst, die Umwelt und andere Menschen. Wir haben entsprechend oft eine vorgefertigte Einstellung zu bestimmten Dingen. Diese kann positiv oder negativ ausfallen. Wir merken oft gar nicht bewusst, wie wir durch unsere Glaubenssätze beeinflusst werden. Vielmehr ist unsere Reaktion regelrecht unbewusst, und wir bemerken meist nicht, dass wir gar nicht rational oder objektiv an Dinge herangehen. Wir reagieren dann so, wie unser Weltbild und unsere bisherigen Erfahrungen uns beeinflussen.

Es gibt einen Unterschied zwischen positiven und negativen Glaubenssätzen: positive bestärken uns, während negative uns behindern. Leider bemerken wir oft nicht einmal, dass wir gerade von negativen Glaubenssätzen zurückgehalten werden. Deshalb ist es so essenziell, unsere negative Einstellung zu erkennen und im nächsten Schritt zu verändern. Durch diesen Schritt kann eine echte Veränderung umgesetzt werden. Für mehr Selbstliebe und Selbstvertrauen ist es enorm wichtig, die vorhandenen negativen Glaubenssätze zu erkennen. Denn gerade solche Glaubenssätze reduzieren in vielen Fällen unsere Selbstliebe sowie unser Selbstbewusstsein, da sie dafür sorgen, dass wir uns selbst kritisieren und kleinmachen. Wer beispielsweise die Einstellung hat, nicht dem Schönheitsideal zu entsprechen oder eine große Nase verstecken zu müssen, fühlt sich weniger schön und weniger glücklich. Das Selbstbewusstsein leidet und genau das Gleiche gilt für das Thema „Selbstliebe".

In meiner Kindheit kannte ich Freundinnen, die für Windpockennarben und eine große Nase gehänselt wurden. Diese Freundinnen fühlten sich hässlich und hatten Probleme damit, ihre Haut beziehungsweise Nase zu akzeptieren. Dies ist natürlich übertragbar auf sämtliche Körperbereiche genau wie auf unsere

Charaktereigenschaften. Wer ständig zu hören bekommt, dass er zu groß, zu klein, hässlich, tollpatschig oder Ähnliches sei, beginnt bald, selbst daran zu glauben. So entstehen Glaubenssätze, die uns, wie sollte es anders sein, im Alltag einschränken können. Auf diese Weise bauen wir letztlich keine Selbstliebe auf, und es kostet uns in späteren Jahren oft viel Zeit und Geduld, uns mit unseren vermeintlichen Fehlern und Makeln anzunehmen, obwohl sie schlicht zur eigenen Persönlichkeit dazugehören.

Hier findest du einige Beispiele für negative Glaubenssätze, die sich bei mehr Menschen zeigen, als du vielleicht annehmen würdest:

- *Ich bin nicht genug.*
- *Ich habe keinen Erfolg.*
- *Ich bin nichts wert.*
- *Ich bin uninteressant.*
- *Ich bin ein schlechter Mensch.*
- *Ich bin hilflos / machtlos / das Opfer.*
- *Ich kann nichts erreichen.*
- *Ich bin nicht anziehend / es nicht wert, geliebt zu werden.*

- *Ich bin zu dünn / zu dick / hässlich.*
- *Ich habe eine zu große Nase / einen krummen Rücken / zu kleine Augen.*

Vielleicht fragst du dich jetzt, wie solche Glaubenssätze überhaupt erkennbar sind, wenn sie doch häufig unbewusst vorhanden sind. Zunächst geht es um die Einstellung zu bestimmten Themen, die ich dir mit einem Beispiel näherbringen möchte.

Mir wurde in meiner Kindheit immer wieder gesagt, dass meine Beine hässlich seien: zu dick, komisch geformt und erst diese Knie! Wenn man mich jetzt fragen würde, dann würde ich erstmal kaum erkennen, wie sehr mich dieser Glaubenssatz geprägt hat. Denn nichts anderes als ein Glaubenssatz ist es, der sich hier mit der Zeit in mir aufgebaut hat. Ich habe es tatsächlich vermieden, Shorts oder kurze Röcke zu tragen, da meine Beine ja angeblich nicht dafür geeignet waren.

Es hat lange gedauert, bis ich verstanden habe, dass ich mich durch diesen Glaubenssatz selbst blockiere. Genauer gesagt hat sich meine Einstellung erst geändert, als ich gesagt bekam, dass es doch absolut keinen Grund gebe, meine Beine zu verstecken. Zusammen mit einer guten Portion Selbstliebe kam es dann dazu, dass ich meine Beine heute akzeptieren kann, wie sie sind. Heute trage ich an heißen Tagen Shorts und es ist mir vollkommen egal, was andere Menschen davon halten.

Das war nur ein Beispiel, von dem es noch viele weitere gibt. Sicherlich gilt das nicht nur für mein Leben, sondern genauso für deines. Negative Glaubenssätze äußern sich nicht allein in Bezug auf den eigenen Körper oder in optischen Bereichen. Vielmehr ist es genauso möglich, dass sich diese so äußern, dass sie deinen ursprünglichen Charakter und deinen Blick auf die eigenen Erfolge und Misserfolge verändern. Nehmen wir einmal an, dass dir schon früh eingetrichtert wurde, dass du bestimmte Dinge nicht kannst.

Die Wahrscheinlichkeit, dass du später noch immer denkst, dass du vieles nicht kannst, ist dann enorm hoch. Noch schlimmer: Du kannst vieles nicht, weil du dich aufgrund deiner Einstellung vor neuen Herausforderungen scheust. Dadurch bekommst du immer wieder aufs Neue bestätigt, dass du bestimmte Dinge nicht kannst, woher auch, wenn du es voller Misstrauen in deine Fähigkeiten versuchst. Oder du bist so blockiert, dass du automatisch versagst. Es ist an dieser Stelle übrigens nicht entscheidend, um welche Fähigkeiten es sich handelt. Es geht mehr darum, dass du tief verwurzelte negative Glaubenssätze hast. Und da du diese bestimmten Einstellungen verinnerlicht hast, bestätigen sich diese immer wieder, wie eine selbsterfüllende Prophezeiung, die sich so lange erfüllt, bis du anfängst, an deinen Glaubenssätzen zu arbeiten.

Nun möchte ich dir einige Fakten zu Glaubenssätzen mitgeben, die dir dabei helfen sollen, deren Bedeutung für dein Leben noch besser zu verstehen:

- *Es gibt keinen von Grund auf positiven oder negativen Glaubenssatz. Es handelt sich stets um eine Bewertung der Realität, die nichts mit der tatsächlichen Realität zu tun haben muss.*
- *Jeder Glaubenssatz ist wahlweise schädlich oder nützlich.*
- *Wir eignen uns in unserer Kindheit und Jugend Glaubenssätze an, die wir tief verinnerlichen und als die Wahrheit oder Realität ansehen.*
- *Negative Glaubenssätze legen ihren Fokus auf unsere Mängel und Fehler, weshalb sie uns schwächen und blockieren.*
- *Ein Glaubenssatz ist eine Bewertung der Situation.*

- *Glaubenssätze entsprechen deinem Selbstbild, spiegeln damit aber nicht die Realität. Andere Menschen können dich vollkommen anders wahrnehmen als du selbst. Es ist von entscheidender Bedeutung, diesen Unterschied zu erkennen.*

Darüber hinaus sind Glaubenssätze wie gesagt eine Art selbsterfüllende Prophezeiung. Hinzu kommt, dass wir Menschen die weniger gute Angewohnheit haben, scheinbar negative Erlebnisse gleich zu pauschalisieren.

Nehmen wir einmal an, dass du kurz nach der Führerscheinprüfung öfter gehört hast, wie schlecht du Auto fährst oder wie schlecht du Abstände abschätzen kannst. Du beginnst, diesen Aussagen zu glauben, und wirst vermutlich schon bald den ersten Kratzer im Auto haben, da du ja angeblich keine Abstände abschätzen kannst. Du wirst dann noch unsicherer, beginnst damit, noch mehr Fehler zu machen, und glaubst bald, dass du wirklich kein Auto fahren kannst – eine echte selbsterfüllende Prophezeiung, die dich behindert und dafür sorgt, dass du den Glauben an deine Fahrkünste verlierst. Du machst daher noch mehr negative Erfahrungen und deine Glaubenssätze verfestigen sich dadurch weiter. Das ist der schlimme Kreislauf der Glaubenssätze.

Für den Aufbau von Selbstliebe ist es daher enorm bedeutsam, diese Gedanken und Einstellungen in Form von Glaubenssätzen vor Augen zu haben. Mache dir vor allem bewusst, dass es sich hierbei nicht um eine Wahrheit handelt, sondern lediglich um etwas, was dir eingeredet wurde. Du hast die Macht, diese Gedanken über dich und deine Welt zu verändern. Verschiedene Übungen, die dich dabei unterstützen, findest du weiter unten im Übungsteil dieses Buches.

Die Arbeit mit negativen Glaubenssätzen, die im Leben eine echte Last sind, kann mühsam sein. Außerdem sind Geduld und der Wille nötig, wirklich etwas zu verändern und nicht alles beim Alten zu belassen, weil das weniger Arbeit für dich bedeutet. Ich habe mich im Laufe der Zeit an verschiedene Themen gewagt, die mich blockiert haben. Einige Glaubenssätze bezogen sich auf mein Aussehen, viele betrafen meine Eigenschaften als Person und wurden mir im Laufe der Zeit anerzogen.

Es hat mich zweifellos Zeit und Geduld gekostet, mit diesen Glaubenssätzen zu arbeiten, sie zu verstehen, zu verändern und durch positive Glaubenssätze zu ersetzen. Gelohnt hat sich diese Arbeit in jedem Fall, da ich erst dadurch in der Lage war, meine Selbstliebe wirklich entscheidend zu stärken und mein Leben zum Positiven hin zu verändern.

Doch machen wir uns erst einmal an das Auffinden deiner negativen Glaubenssätze: Nimm dir dafür ein Blatt Papier und einen Stift zur Hand und setze dich an einen ruhigen Ort.

Beginne jetzt damit, an ein bestimmtes Thema zu denken und alles aufzuschreiben, was dir dazu in den Sinn kommt: Denke einmal an deinen Körper, was fällt dir dazu ein? Hier könnten Gedanken aufkommen, wie zum Beispiel, dass dein Körper dich immer zuverlässig trägt, dass du schlank und groß bist oder muskulöse Beine hast. Es könnten aber genauso Gedanken aufkommen, die meinen früheren entsprechen und beispielsweise besagen, dass deine Beine oder dein Hintern zu dick seien oder dass deine Nase zu groß oder deine Akne furchtbar sei. Hinter all diesen Beispielen verbergen sich Glaubenssätze.

Du kannst diese kleine Übung mit allen Themen durchführen, die dir in den Sinn kommen. Nur einige Beispiele wären hier die Themen „Liebe“, „Beziehungen“ oder „Geld“, um mit diesen zu arbeiten. Es ist dabei nützlich, dich selbst nicht unter Druck zu setzen, sondern zu schauen, wohin deine Gedanken dich noch führen.

Sobald du deine negativen Glaubenssätze und deine Einstellungen erkannt hast, kannst du an diesen arbeiten. Dafür ist es unerlässlich, dass du gezielt nach positiven Erfahrungen suchst, um deine bisherigen negativen Einstellungen zu widerlegen. Affirmationen, über die du in den Übungen auf den folgenden Seiten noch mehr erfährst, helfen dir ebenfalls beim aktiven Verändern deiner Gedanken.

Der erste Schritt ist in jedem Fall zu erkennen, dass du blockierende Glaubenssätze besitzt, die dich belasten. Beim Thema „Selbstliebe" und deren Stärkung ist es unverzichtbar, dass du bereit bist, mit deinen Gedanken und Gefühlen zu arbeiten. Frage dich, warum du überhaupt so negativ über dich selbst denkst. Warum kritisierst du dich und kannst dich vielleicht nicht so annehmen, wie du bist, und woher kommen die Gedanken über dich, die dich verurteilen? Du musst verstehen, dass diese Gedanken mit der Zeit von dir verinnerlicht wurden.

Jeder Mensch ist auf seine einzigartige Art und Weise schön, hat verschiedenste Stärken vorzuweisen und ist etwas ganz Besonderes. Es kann nur je nach deiner Prägung in der Vergangenheit passieren, dass du diese positiven Seiten an dir nicht siehst und lediglich auf deine scheinbar negativen Aspekte blickst.

# Die 30 besten Übungen für mehr Selbstliebe

Einer der großen Vorteile von Selbstliebe ist eindeutig, dass es sich dabei um eine erlernbare Fähigkeit handelt. Natürlich kann es vorkommen, dass Menschen aufgrund ihrer frühen Prägung und der Förderung durch ihre Umgebung bereits über eine starke Selbstliebe verfügen. In der Realität ist es aber meistens der Fall, dass diese Fähigkeit noch ein wenig ausbaubar ist und eine Steigerung der Selbstliebe mit positiven Änderungen der Lebensqualität einhergeht. In diesem Kapitel findest du passend dazu die besten Übungen für mehr Selbstliebe. Absichtlich wird keine direkte Unterteilung in einzelne Themen vorgenommen, da eine ganzheitliche Stärkung der Selbstliebe sinnvoll und hilfreich ist. Zu beachten gilt bei allen Übungen, dass nach einem Tag der Umsetzung noch keine sofortigen Verbesserungen zu erwarten sind. Suche dir zunächst einige Lieblingsübungen aus, mit denen du dich gut fühlst und die du im nächsten Schritt täglich in deinen Alltag einbaust.

Auf diese Weise wird sich sehr schnell eine Verbesserung deines Wohlbefindens, deines Selbstvertrauens und deiner Selbstliebe einstellen. Einige Übungen kannst du aktiv Tag für

Tag in dein Leben einbauen. Andere hingegen beziehen sich eher auf Änderungen deiner allgemeinen Denkweise, deiner Sicht auf das Leben sowie auf dich selbst.

Alle Übungen helfen dir dabei, positiver zu denken, dich besser zu fühlen und dich endlich so zu akzeptieren, wie du bist.

Nachfolgend findest du die 30 besten Übungen für mehr Selbstliebe:

## 1. Aufrecht gehen – die Körperhaltung entscheidet

Die wohl leichteste Übung überhaupt ist der Fokus auf deine Körperhaltung, der extrem viel bewirken kann. Viele Menschen gehen mit gesenktem Kopf oder einem auf den Boden gerichteten Blick durch die Welt. Ihr Rücken ist dabei oftmals gebeugt, als wollten sie sich so klein wie möglich machen. Das führt nicht nur zu Rückenproblemen, sondern macht dich tatsächlich kleiner – und unsicherer –, als du in Wahrheit bist. Eine sehr hilfreiche Übung ist es daher, auf deine Körperhaltung zu achten und ab sofort aufrecht zu gehen, zu stehen und sogar zu sitzen. Höre damit auf, den Boden zu betrachten, suche den Blickkontakt zu anderen Menschen und gehe so aufrecht, dass dein Rücken gerade ist.

Du wirst dich schon nach wenigen Tagen viel besser und selbstbewusster fühlen, und das strahlst du auch aus. Dies ist folglich eine effektive Übung, die jederzeit und überall in den Alltag integrierbar ist. Fange am besten sofort damit an und richte dein Bewusstsein auf deine Körperhaltung!

## 2. Ich bin toll – ein Liebesbrief an dich

Wir haben viel zu selten unsere Erfolge und tollen Besonderheiten vor Augen. Liebesbriefe bekommt wohl jeder von uns gerne – aber warum solltest du auf einen solchen, vielleicht sogar nur halbherzig geschriebenen Brief warten? Diese Übung erfordert eventuell ein wenig Überwindung, je nach Persönlichkeit und der Einstellung zu sich selbst: Es geht darum, dass du dir einen Liebesbrief schreibst, einen Brief, der nur für deine Augen gedacht ist. Hebe darin hervor, wie toll du bist, um dir über deine Eigenschaften bewusst zu werden. Diesen Brief kannst du in Zukunft gerne noch ergänzen, sobald dir noch weitere Punkte einfallen, die du an dir super findest.

Sagen wir einmal, du bist enorm zielstrebig und diszipliniert und schaffst es, stets den Überblick zu behalten, egal wie chaotisch alles wird. Dann sind das Punkte, die du unbedingt aufschreiben solltest! Das Gleiche gilt für optische Aspekte wie vielleicht deine Augen, Haare oder Lippen, die du besonders an dir magst. Es geht hierbei wirklich nur um deine positiven Seiten, nicht um Negatives oder um vermeintliche Schwächen, die an dieser Stelle ausgeklammert werden. Wenn du irgendwann nicht mehr weiterkommst, könntest du beginnen, dich an Komplimente zu erinnern, die du von anderen erhalten hast. Ganz sicher finden sich so noch einige weitere Punkte, die in deinem Liebesbrief Platz finden sollten.

Tipp: Ergänze diesen Liebesbrief nicht nur regelmäßig, sondern hole ihn immer dann heraus, wenn du ein wenig positive Energie brauchst oder dich unsicher fühlst. Je mehr du deinen Blick auf deine positiven Eigenschaften richtest, desto besser. Du wirst dich stärker fühlen und bekommst das Gefühl, dass du sehr wohl allen Grund dazu hast, dich wohl und zufrieden zu fühlen.

## 3. Meine besten Eigenschaften – positive Charakterzüge erkennen

Jeder Mensch zeichnet sich durch eine Vielzahl positiver Eigenschaften aus, die man nur nicht ständig vor Augen hat. In dieser Übung geht es darum, seine positiven Charakterzüge bewusst wahrzunehmen, sie sich aufzuschreiben und dann immer wieder in Erinnerung zu rufen. Da wir so oft auf unsere vermeintlichen Makel blicken anstatt auf all das, was uns auszeichnet und besonders macht, hilft diese Übung dabei, sich selbst mehr zu schätzen und zu lieben. Überlege einmal, was du an dir als Person schätzt und besonders magst. Schreibe diese Dinge auf und ergänze die Liste später, falls dir noch weitere Punkte einfallen. Solltest du dich irgendwann nochmal kleinmachen oder sollte es dir schlecht gehen, kannst du deine Liste hervorholen und sie dir durchlesen. Mit der Zeit wirst du dich immer besser fühlen und deinen Blick verstärkt auf deine positiven Eigenschaften richten, die du in Hülle und Fülle besitzt.

Ich habe mich früher regelrecht daran festgebissen, dass ich häufig schüchtern war, mir nur wenig zutraute und außerdem nicht der geselligste Mensch war. Durch diese Übung habe ich mir aufgeschrieben, dass ich an mir schätze, dass ich zuverlässig, ehrlich, pünktlich, loyal und hilfsbereit bin – alles Eigenschaften, die positiv sind und mir gezeigt haben, dass ich einiges zu bieten habe und mich nicht verstecken oder schämen muss. Es geht nicht darum, dass du keine Schwächen hast, sondern darum, deine positive Eigenschaften zu erkennen und diese nicht einfach zu ignorieren. Einen richtigen Liebesbrief brauchst du hier, im Vergleich zur vorherigen Übung, nicht zu schreiben. Aber du findest sicher einige Punkte, die du an dir und deinem Charakter schätzt. Erweitere diese Liste nach Möglichkeit und hänge sie dir gerne deutlich sichtbar auf, damit du diese positiven Punkte vor Augen hast.

## 4. Sich selbst loben – Eigenlob stinkt nicht!

Gelingt es dir, dich selbst zu loben? Viele Menschen verneinen diese Frage vermutlich, da es ihnen oftmals nicht leichtfällt, sich zu loben und dazu zu stehen. Der Grund dafür ist simpel, denn uns wird schon früh vermittelt, dass Eigenlob stinkt und es sich nicht gehört, sich zu loben. Dabei fängt es genau damit an, um sich in einem anderen Licht zu sehen. Und wenn du dich nicht loben kannst, gibt es doch gar keinen Grund, dass eine andere Person dies tut. Mache dir bewusst, dass es an der Zeit ist, dich zu loben, wenn du es verdient hast. Beim nächsten Mal, wenn dir etwas gelungen ist, solltest du daher innehalten, dich selbst loben und darüber freuen, ganz unabhängig davon, worum es sich dabei handelt. Bist du zum Beispiel ein echter Morgenmuffel, dann ist der Frühsport vor der Arbeit eine echte Leistung. Fällt es dir schwer, Ordnung zu halten, ist eine entsprechende Anstrengung in dieser Hinsicht schon sehr viel wert. Mache dich von dem Gedanken frei, dass man sich nicht loben sollte, und setze genau das um: Eigenlob! Und zwar regelmäßig, also immer, wenn du es verdient hast. Du wirst sehen, dass du dich positiv veränderst und beginnst, mehr an dich und deine Fähigkeiten und Erfolge zu glauben.

## 5. Erwartungen erkennen – Was erwartest DU von dir?

Oft hatte ich das Gefühl, dass ich in meinem Leben unzähligen Erwartungen gerecht werden muss. Erwartungen in Bezug auf meine Optik, meine Kleidung, meine Art der Ernährung bis hin zur Berufswahl, zum Lebensstil und zu meiner Art, eine Beziehung zu führen. Diese Erwartungen waren stets hoch, zu hoch, das habe ich noch sehr gut in Erinnerung. Ich hatte regelmäßig das Gefühl, dass ich diese Erwartungen nie wirklich erfüllen konnte, vor allem, wenn es um meine Familie ging, die auf eine große Zukunft für mich hoffte und die ich einfach nie zufriedenstellen konnte.

Bei dieser Übung geht es darum, sich von den Erwartungen anderer Menschen zu lösen. Es geht um dich, um dich allein! Was erwartest DU von dir, was ist dir wichtig im Leben, was willst du für dich erreichen? All diese Fragen sind entscheidend, obwohl wir sie uns zu selten oder sogar nie wirklich stellen. Nimm dir einen Zettel und einen Stift und schreibe auf, was du von dir erwartest. Aber versuche dabei, auf dein Gefühl zu hören und darauf zu achten, was sich für dich richtig anfühlt. Denke daran, dass du dein eigenes Leben lebst und nicht dafür auf der Welt bist, um andere zufriedenzustellen oder um verpasste Chancen deiner Eltern nachzuholen, die diese auf dich projizieren wollen. Heute habe ich zum Beispiel verstanden, dass die Erwartung meiner Familie, dass ich einen hohen Abschluss an der Universität erreichen sollte, viel mit eigenen Misserfolgen zu tun hatte. Daran muss ich mich jedoch nicht messen, denn es war nie mein Ziel, einen hohen Universitätsabschluss zu erreichen.

Stelle dir für diese Übung folgende Fragen und versuche, dich in Zukunft an deine Antworten zu erinnern, ohne dich erneut auf die Erwartungen anderer Personen einzulassen:

- *Was möchte ich für mich erreichen?*
- *Was sind meine Ziele für die Zukunft?*
- *Welche Erwartungen habe ich an mich (Beruf, Beziehung etc.)?*
- *Warum will ich diese Dinge, die ich vorher genannt habe, wirklich erreichen?*

Diese Übung hilft dir dabei, dich besser kennenzulernen und dich von den Erwartungen anderer Menschen zu lösen. Ich habe die Erwartungen meiner Umgebung an mich nicht erfüllt, was mich früher sehr unglücklich gemacht hat. Aber ich kann heute meine eigenen Erwartungen an mich erfüllen, was mich definitiv zufrieden macht und erfüllt.

## 6. Selbstgespräche wahrnehmen – den inneren Kritiker erkennen

Jeder Mensch spricht in Gedanken mit sich selbst. Was sich jedoch unterscheidet, ist, wie dies passiert und welchen Ton du benutzt, wenn du mit dir sprichst. Ein liebevoller innerer Umgang mit sich selbst mit bestärkenden statt kritisierenden Worten hilft dabei, sich wohl und glücklich zu fühlen.

Eines steht fest: Du wirst es mit dem Aufbauen von Selbstliebe wesentlich leichter haben, wenn du mehr auf deine innere Stimme hörst und damit aufhörst, dich in Gedanken zu kritisieren. Schließlich werden dich schon genug Menschen kritisieren und dir negative Dinge sagen. Du musst dabei nicht auch noch selbst mitmachen – achte lieber darauf, dass du positiv über dich denkst und in Gedanken liebevoll mit dir sprichst. Es geht daher bei vielen Übungen rund um die Stärkung der Selbstliebe häufig darum, erst einmal wahrzunehmen, wie negativ und abwertend wir mit uns selbst umgehen.

Achte ab jetzt bewusst darauf, wie du in Gedanken mit dir sprichst. Klingt das eher liebevoll oder herablassend? In welchem Ton sprichst du mit dir? Versuche ab jetzt, mehr auf deine gedanklichen Selbstgespräche zu achten und freundlicher mit dir umzugehen. Lobe dich, bestärke dich gedanklich und mache dich auf keinen Fall klein, nur weil du es so gewohnt warst! Mir ist durch diese Übung aufgefallen, wie oft ich mich gedanklich ausgeschimpft und schlechtgemacht habe. Es ist sehr traurig, wie sehr man sich selbst heruntermachen und kritisieren kann. Dafür brauchen viele Menschen niemand anderen mehr, da die eigenen Kommentare schon völlig ausreichen. Die Zeit ist also gekommen, um hier etwas zu verändern und anders mit dem inneren Kritiker umzugehen, den jeder Mensch nur zu gut kennen wird.

## 7. Annahmen überprüfen – Glaubenssätze aufdecken

Mit dieser Übung hast du zuvor vielleicht schon begonnen, als es um das Kapitel rund um negative Glaubenssätze ging. Es ist enorm hilfreich, negative Glaubenssätze aufzudecken, diese also zunächst zu erkennen, um im nächsten Schritt mit ihnen zu arbeiten. Für diese Übung brauchst du erneut Zettel und Stift und du beginnst damit, deine Glaubenssätze aufzuschreiben. Im nächsten Schritt geht es darum, diese umzuformulieren, damit du mit der Zeit positivere Annahmen entwickelst. Schreibe zum Beispiel erst einmal einige Sätze auf, die sich um deinen Charakter drehen oder sich auf eine bestimmte Eigenschaft von dir beziehen. Schreibst du beispielsweise auf „Ich bin tollpatschig“, dann handelt es sich hierbei um eine negative Annahme, die du entsprechend markieren solltest. Du könntest dir dann aufschreiben und anschließend verinnerlichen, dass du offen dafür bist, immer wieder neue Dinge zu lernen. Schließlich ist kein Mensch von Grund auf tollpatschig oder dumm oder sollte sich so fühlen, als ob er wertlos sei. Es geht also darum, mit der Zeit eigene Annahmen aufzudecken, mit diesen zu arbeiten und zu erkennen, dass viele unserer Glaubenssätze schlichtweg negativ und daher blockierend sind.

Willst du dich wirklich lieben und akzeptieren, wird es Zeit, an deinen Einstellungen zu dir und deinen Gedanken zu arbeiten.

### 8. Negative Gedanken aufdecken – Aufmerksamkeit auf Positives richten

Positive Gedanken sind, wie du bereits weißt, grundlegend für das Stärken unserer Selbstliebe und für unser Wohlbefinden im Allgemeinen. Die einfachste Übung für das Vertreiben negativer Gedanken ist es, die Aufmerksamkeit zu verändern. Sobald negative Gedanken, beispielsweise über dich selbst oder deine Eigenschaften, aufkommen, entziehst du diesen Gedanken deine Aufmerksamkeit. Du wirst dadurch zwar nicht sofort aufhören, negativ zu denken, doch du beginnst damit, deine Gedanken im Allgemeinen zu verändern. Der Fokus liegt dann mehr auf dem Positiven, und die negativen Gedanken bekommen weniger Raum in deinem Kopf. Denkst du beispielsweise „Das kann ich nicht!", versuche, diesem Gedanken deine Aufmerksamkeit zu entziehen, und denke an Erfolge, die du in der Vergangenheit bereits hattest. Am Anfang kostet es ein wenig Übung, doch mit der Zeit fällt es dir wesentlich leichter, dich vermehrt auf positive Aspekte zu konzentrieren. Damit verhinderst du automatisch, dass die negativen Gedanken zu viel Platz in deinem Kopf einnehmen.

## 9. Den eigenen Körper annehmen – Liebe deinen Körper!

Da vor allem der eigene Körper in Sachen Selbstbild und Annahme der eigenen Stärken für viele problematisch ist, soll diese Übung sich speziell um die Akzeptanz des eigenen Körpers drehen. Der Grund dafür, dass so viele von uns ihren Körper nicht vollständig akzeptieren, ist unter anderem, dass die gängigen Schönheitsideale uns dies nicht gerade erleichtern.

Stelle dich für diese Übung vor einen Spiegel, im Idealfall in Unterwäsche, und schaue dich von oben bis unten an. Nimm wahr, was dir gefällt, was du an deinem Körper magst, und fokussiere dich darauf. Ignoriere alles, was dir weniger gut gefällt, und stelle fest, wie schön du bist. Führe diese Übung regelmäßig durch und achte darauf, ob du mit der Zeit mehr Dinge an dir feststellst, die du schön findest und die dir wirklich gut gefallen. Eine Alternative wäre, dass du dich an einen ruhigen Ort setzt, gedanklich deinen Körper vor Augen hast und dann alles aufschreibst, was dir an ihm gefällt. Gerade Menschen, die Probleme haben, sich selbst anzunehmen, profitieren von dieser Übung. Und keine Sorge: Es wird immer leichter, selbst wenn diese Übung anfangs sicherlich mit ein wenig Überwindung einhergeht.

## 10. Erfolge feiern – mehr Selbstvertrauen gewinnen

Ähnlich wie die vorherige Übung zielt diese darauf ab, mehr Selbstvertrauen zu gewinnen. Jeder Mensch erlebt Erfolge, die allerdings oft im Alltag untergehen und nicht weiter beachtet werden. Dabei ist das wirklich schade, denn es besteht in jedem Fall die Möglichkeit, die eigenen Erfolge mehr zu feiern und dadurch innerlich stärker und selbstbewusster zu werden. Für diese Übung brauchst du einen Block oder ein Notizbuch und einen Stift sowie ein wenig Zeit für dich.

Schreibe dir jetzt drei deiner größten Erfolge im Leben auf. Du hast zum Beispiel die Uni sehr gut abgeschlossen, du hast es geschafft, einen Marathon zu laufen, und du hast erfolgreich ein soziales Projekt umgesetzt. Im nächsten Schritt schreibst du dir kleinere Erfolge auf, die du heute, in diesem Monat und in diesem Jahr erlebt hast.

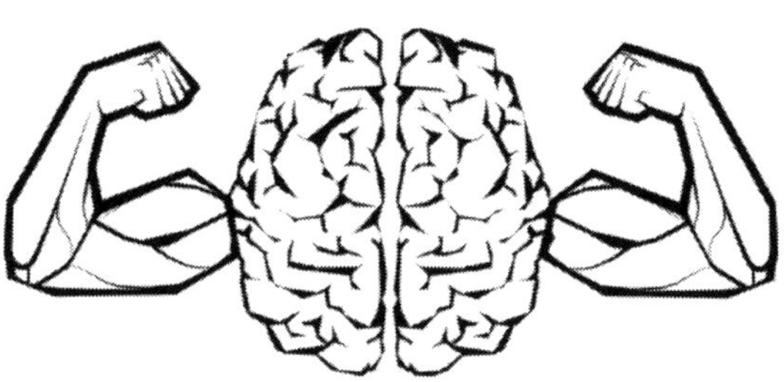

Ergänze die großen Erfolge mit den kleinen Dingen wie mit der Präsentation auf der Arbeit, die du gestern sehr zufriedenstellend umgesetzt hast, mit der letzten Yogastunde, die vorgestern so gut funktionierte, oder mit dem köstlichen Abendessen, welches du vor kurzem gekocht und deiner Familie vorgesetzt hast. Es gibt, wie du siehst, unzählige Möglichkeiten, und dabei geht es wirklich nur um einen veränderten Blick auf die Tatsachen und um den Fokus auf die positiven Erlebnisse in deinem Leben.

Beginne damit, deine Erfolge stärker zu beachten und sie zu feiern, und höre damit auf, dich kleiner zu machen, als du in Wirklichkeit bist!

## 11. Zeit für dich – Selbstfürsorge im Alltag

Das Thema „Selbstfürsorge“ wurde zuvor schon angesprochen, und du weißt bereits, dass Zeiten für dich allein mit einem liebevollen Umgang mit dir selbst enorm wertvoll sind. Als Übung geht es nun darum, dass du dir bewusst Zeit für dich nimmst und täglich einige Minuten so einplanst, dass du alles andere ausblenden kannst. Mache in dieser Zeit ausschließlich das, was dir guttut, was dich zum Lächeln bringt und für ein glückliches Gefühl in deinem Inneren sorgt. Das kann Sport sein, du kannst deine Lieblingsmusik hören, backen, tanzen, ein Spiel spielen, lesen oder dich in die Sonne legen. Hauptsache, es macht dich glücklich und entspricht deinen Bedürfnissen und deiner Persönlichkeit. Plane diese Zeiten aber nicht nur gedanklich ein, sondern schreibe sie dir im Idealfall in einen Kalender. Hake dann täglich die für dich eingetragene Zeit ab und freue dich darüber, dass du dich erneut zur Priorität in deinem Leben gemacht hast. Nach einigen Wochen wird es völlig selbstverständlich für dich sein, dass diese Zeiten und Momente mit zu deinem Leben gehören.

Niemand anders als du selbst kann diese Zeit, die du dir schenkst und die allein dir gehört, für dich einplanen. Wenn wir uns alle mehr um das Thema

„Selbstfürsorge“ bemühen, dann sind die Ergebnisse beachtlich und unser allgemeines Wohlbefinden verbessert sich deutlich.

## 12. Das Zufriedenheitstagebuch – täglich nach dem Glück suchen

Jeden Tag gibt es Dinge, die uns zufrieden und glücklich machen. Sogar an den sogenannten „grauen" Tagen, an denen so einiges schiefläuft, gilt das und sorgt dafür, dass sich unsere Laune hebt, solange wir diese schönen Dinge bemerken. Doch leider nehmen wir diese kleinen Sachen oft nicht wahr, weil wir unseren Blick auf all das richten, was eben nicht funktioniert. Das wollen wir jetzt mit dem Zufriedenheitstagebuch ändern. Diese Übung ist äußerst simpel und erfordert lediglich ein kleines Tagebuch (oder einen Block), in das du jeden Abend einige Dinge schreibst, die dich zufrieden gemacht haben. Keine Sorge: Es reicht völlig aus, wenn hier der Kaffee am Morgen oder das erfolgreiche Training am Nachmittag notiert werden. Das regelmäßige Aufschreiben der kleinen Dinge, die dich glücklich und zufrieden machen, reicht aus, um deinen Fokus mit der Zeit zu verändern. Immer mehr nimmst du dann die positiven Erlebnisse des Tages viel stärker wahr als die vermeintlich negativen.

## 13. Ein Lächeln nur für dich – positiv durch den Tag gehen

Wer häufig lächelt, ist positiv und optimistisch gestimmt. Ein grimmiger oder gar besorgter Blick, wie er bei vielen Menschen zu beobachten ist, hilft daher so gar nicht, wenn es um ein gutes Lebensgefühl geht. Darüber hinaus wurde herausgefunden, dass Menschen, die viel lächeln, als attraktiver wahrgenommen werden und glücklicher und insgesamt zufriedener mit dem Leben sind.

Die nächste Übung ist daher denkbar einfach: Stelle dich schon morgens mit einem Lächeln vor den Spiegel. Setze den Tag über so häufig wie nur möglich ein Lächeln auf und versuche, einen grimmigen Gesichtsausdruck zu vermeiden. Das hilft dir dabei, dass du dich besser fühlst und dieses Gefühl auch ausstrahlst. Sogar mit einem aufgesetzten Lächeln sendest du positive Signale an dein Gehirn und deine Umwelt. Und oft hilft es uns schon in schwierigen Momenten, wenn wir uns besser fühlen. Beginne daher damit, jeden Tag mit einem Lächeln zu begrüßen, und lächle über den Tag hinweg so viel wie nur möglich. Schon bald wirst du merken, wie sich deine Gesamtstimmung entscheidend verbessert.

## 14. Einfach „Nein!“ – Es geht nur um dich

Es fällt uns oft schwer, Nein zu sagen, sodass viele von uns letztlich Gefallen und Aufgaben übernehmen, die uns gar nicht gefallen oder guttun. Daher ist es im Rahmen des Trainings von Selbstliebe und Selbstfürsorge wichtig, das Neinsagen zu lernen. Stimme nicht mehr allem sofort zu, sondern überlege ganz genau, ob es sich für dich gut und richtig anfühlt, eine Aufgabe für jemanden zu übernehmen. Bei den ersten Malen fühlt es sich vielleicht weniger gut an, plötzlich zu verschiedenen Dingen Nein zu sagen und damit andere eventuell vor den Kopf zu stoßen. Taste dich langsam voran und werde auf diese Weise immer selbstbewusster.

Ich habe früher oft Aktivitäten zugestimmt, auf die ich eigentlich keine Lust hatte, und mich mit Menschen zu Zeiten getroffen, die mir nicht wirklich passten. Teilweise bin ich zu Treffen, zu Orten oder in Filme gegangen, die nichts für mich waren – einfach weil ich nicht Nein sagen konnte und Angst davor hatte, dass mich die Menschen in meiner Umgebung nicht mehr mögen würden. Dabei ist doch das Gegenteil der Fall: Menschen, die alles mitmachen, nie Nein sagen und nicht für ihre eigenen Interessen und Meinungen einstehen, gelten als schwach. Es zeugt auf jeden

Fall von wenig Selbstliebe und Selbstvertrauen, so viel Wert auf die Meinungen von anderen zu legen.

Ich musste mich langsam daran gewöhnen, doch heute lehne ich Treffen, ohne zu zögern, ab, die nicht zu meinen Interessen passen. Ich habe zum Beispiel einfach keine Lust darauf, den ganzen Abend lang in einer Bar zu sitzen und dort etwas zu trinken. Es fühlt sich gut an, nicht mehr aus lauter Gruppenzwang heraus zu solchen Treffen zu gehen. Heute interessiert es mich nicht mehr besonders, was andere Menschen von mir denken oder über mich sagen.

Das ist das Ziel dieser Übung: Stehe mehr für deine Bedürfnisse und Interessen ein. Es geht allein um dich und nicht darum, was alle anderen gerne von dir hätten.

## 15. Affirmationen nutzen – Selbstliebe und Bestärkung

Ein echtes Muss für das Erzeugen positiver Gefühle, innere Bestärkung und mehr Selbstliebe sind in jedem Fall Affirmationen. Diese positiven Sätze werden an deine individuellen Bedürfnisse angepasst und helfen dir dabei, selbstbewusster und emotional stärker zu werden. Außerdem helfen dir Affirmationen dabei, dich an Herausforderungen zu wagen und dir mehr zuzutrauen. Affirmationen solltest du regelmäßig in deinen Alltag einbauen, im Idealfall mehrfach täglich. Sprich die Affirmationen laut aus und fühle die dabei hochkommenden positiven Gefühle – deshalb ist es so entscheidend, sich Sätze auszusuchen, an die du glauben kannst. Nutzt du hingegen Affirmationen, die deinen inneren Überzeugungen (noch) widersprechen, wirst du mit diesen keine Wirkung erzeugen. Darüber hinaus benötigst du unbedingt positiv formulierte Sätze. Wörter wie „nicht" oder „kein" sollten nicht vorkommen, da dein Gehirn nicht in der Lage ist, diese Verneinungen zu erkennen.

Folgende Sätze stellen starke Affirmationen dar:

- *Ich liebe mich so, wie ich bin.*
- *Ich glaube an mich.*

- *Ich erreiche meine Ziele.*
- *Ich bin schön.*
- *Ich akzeptiere meine Schwächen.*
- *Ich bin wertvoll.*
- *Ich bin liebenswert.*
- *Ich bin gut genug.*
- *Ich darf Fehler machen.*
- *Ich darf Nein sagen.*
- *Ich schaffe alles, was ich mir vornehme.*

Wähle eine Formulierung in der „Ich-Form", die sich für dich richtig anfühlt. Besonders wirksam sind Affirmationen, wenn du dich vor einen Spiegel stellst und sie laut aussprichst. Sie helfen dir in jedem Fall dabei, dich selbst mehr zu lieben, dich zu bestärken und die positive Beziehung zu dir zu festigen. Heute gehören Affirmationen zu meinen Lieblingsübungen im Alltag und ich nutze täglich drei Sätze, die sich für mich richtig anfühlen, um mich selbst zu bestärken.

Überlege dir jetzt etwa drei bis fünf Affirmationen und schreibe diese auf. Hänge den Zettel an einen Ort, an dem du mehrfach täglich vorbeikommst. Bei mir hängt der Zettel zum Beispiel am

Badezimmerspiegel, um nur eine Option zu nennen. Stelle dich vor den Zettel und lies die Affirmationen mindestens einmal täglich, besser noch zweimal täglich laut vor. Du wirst spüren, wie du dich sofort innerlich stärker fühlst und weniger an dir zweifelst. Sollte sich eine Affirmation jetzt noch nicht gut für dich anfühlen, kannst du diese erst einmal abschwächen, um mit der Zeit zu deinem Ziel zu kommen: Aus „Ich erreiche alle meine Ziele“ könnte dann zunächst beispielsweise „Jeden Tag komme ich meinen Zielen etwas näher“ werden. Sie ist dann trotzdem wirksam, sodass es sich hier lohnt, ein wenig zu experimentieren, um die beste Option für dich zu entdecken.

## 16. Meditieren – positive Gefühle ins Leben ziehen

So manches Mal hindern uns unsere Selbstkritik sowie negative Gedanken daran, uns positiv zu sehen und zu lieben. Hier hilft es, wenn du es schaffst, dass sich diese Gedanken beruhigen, und es dir gelingt, positive Gefühle in dein Leben zu ziehen. Dabei unterstützt dich Meditation, ganz gleich, in welcher Form du meditierst oder wie du die Meditation in deinen Alltag einbaust. Für mich gehört die morgendliche Meditation schon seit einer Weile mit zu meinem Alltag dazu und hilft mir dabei, mein Gedankenkarussell zu beruhigen. Mehr Klarheit und insgesamt ein positiveres Gefühl sind weitere Effekte, die mir das Meditieren bringen. So ist die Meditation eine Übung, die zu meinem Leben dazugehört und die ich heute nicht mehr missen möchte.

Setze dich zum Meditieren bequem an einen ruhigen Ort und sorge dafür, dass du jetzt für einige Minuten nicht gestört wirst. Stelle dir eventuell eine Stoppuhr auf eine Zeit von zehn Minuten und versuche dann, dich auf deinen Atem zu fokussieren. Verurteile dich nicht für aufkommende Gedanken, sondern lasse sie vorbeiziehen, ohne dich weiter damit zu beschäftigen. Am Anfang fällt dir das sicher noch schwer, doch nach einiger Zeit wirst du merken, wie du immer ruhiger und ausgeglichener wirst. Je ruhiger deine innere Stimme ist, desto leichter fällt es dir letztendlich auch, dich selbst zu lieben.

Das Meditieren unterstützt dich also beim Aufbau und der Stärkung deiner Selbstliebe, indem du aufhörst, dich selbst ständig zu kritisieren, und damit beginnst, positive Gefühle dir gegenüber zu entwickeln.

## 17. Visualisierung – das geliebte Ich vorstellen

Es ist, wie du schon weißt, nicht unbedingt leicht, sich selbst mehr zu lieben und sich von einer anderen Sichtweise aus zu betrachten. Eine Übung, die ich regelmäßig in meinen Alltag einbaue, um dies zu erleichtern, ist die Visualisierung. Du stellst dir vor, wie du beispielsweise über einen Strand rennst oder auf einer Party tanzt, um positive Gefühle zu erzeugen. Versuche dabei, dich wie von außen zu sehen, also so wahrzunehmen, als würdest du dich aus den Augen eines anderen Menschen betrachten. Stelle dir dein Ich so vor, wie es wäre, wenn du alle Selbstzweifel und deine Selbstkritik ablegen würdest. Spüre die dabei entstehenden positiven Gefühle und betrachte dich, wie du in diesem Bild strahlend herumläufst oder tanzt etc. Wichtig ist nur, dass du dir für diese Übung vornimmst, dich so positiv wie nur möglich zu betrachten. Erst auf diese Weise gelingt es dir, dich mit anderen Augen zu sehen als sonst und mehr Liebe und Achtung dir gegenüber zu verspüren.

## 18. Sport treiben – Glückshormone beflügeln

Eine sehr erfolgreiche Übung für mehr Selbstliebe und Selbstbewusstsein ist in jedem Fall das Treiben von Sport. Denn Bewegung hilft dabei, dass dein Körper Glückshormone ausschüttet und du dich rundum wohler fühlst. Sport sorgt dafür, dass wir uns in unserem Körper besser fühlen, ein positives Verhältnis zu diesem entwickeln und uns insgesamt schöner fühlen. Selbst große Sportmuffel sollten es daher ruhig einmal versuchen, da es sich in jedem Fall lohnt, mit regelmäßiger Bewegung etwas für das eigene Selbstbewusstsein zu tun.

Es gilt nur, eine zu dir passende Sportart zu finden. Daher besteht deine Aufgabe darin, eine Sportart zu finden, die dich glücklich und zufrieden macht und dir das Gefühl gibt, dass du schön, sportlich und fit bist. Bei mir tritt dieser Effekt sowohl beim Joggen als auch beim Tanzen ein. Natürlich kann es bei dir eine ganz andere Sportart sein, die dafür sorgt, dass du dich wohler in deinem Körper fühlst. Nach einer guten Portion Bewegung ist zudem dein Kopf wieder frei, du schläfst besser und bist nicht zuletzt stolz auf dich, weil du trainiert hast.

Ein kleiner Hinweis: Es ist von grundlegender Bedeutung, dass du kontinuierlich dabeibleibst. Nur weil du einmal beim Sport warst oder eine lange Wandertour unternommen hast, unterstützt dich das nicht langfristig beim Stärken deiner Selbstliebe. Für ein positives Körpergefühl, mehr Selbstliebe und entsprechend wohltuende Emotionen ist es daher notwendig, regelmäßig Sport zu treiben und nicht sofort wieder damit aufzuhören.

## 19. Die Ernährung anpassen – Bissen für Bissen zu mehr Wohlbefinden

Deine Gedanken, deine Haltung und deine Einstellung dir selbst gegenüber entscheiden darüber, wie stark deine Selbstliebe ausgeprägt ist. Doch sogar deine Ernährung beeinflusst, wer du bist und wie du dich fühlst. Wusstest du zum Beispiel, dass der übermäßige Konsum von Zucker mit Depressionen und starken Stimmungsschwankungen einhergeht? Je gesünder du dich ernährst und je wohler du dich dadurch in deinem Körper fühlst, desto besser. Auf lange Sicht gesehen haben viel Zucker, Fast Food und Softdrinks noch niemandem dabei geholfen, sich wohler zu fühlen. Viel Obst, Gemüse, Wasser und gute Fette, wie sie in Nüssen und Avocados stecken, sowie eine pflanzliche Ernährung im Allgemeinen helfen dir hingegen enorm dabei, dass du dich wohlfühlst und dieses Gefühl sogar ausstrahlst. Behandle deinen Körper gut: Das beinhaltet ebenfalls die passende Ernährung.

Genieße jede deiner Mahlzeiten, richte dir dein Essen auf schönen Tellern oder Schalen an und achte auf viele frische Zutaten. Du wirst schon bald merken, wie sehr diese Art der Ernährung dich positiv beeinflusst. Du hast mehr Energie und fühlst dich gesund und fit – gute Gründe, um sich mit der eigenen Ernährung einmal näher zu beschäftigen. Letztlich ist es kein Wunder, dass gesundes, gutes Essen voller Genuss zur Selbstliebe dazugehört und dich überaus glücklich macht. Versuche als Übung ab jetzt, vermehrt auf eine gesunde Ernährung zu achten und diese voller Genuss zu zelebrieren.

## 20. Negative Quellen meiden – Umgib dich mit Positivem

Es wird dir unheimlich schwerfallen, Selbstliebe zu praktizieren und positive Gedanken und Emotionen zu haben, wenn alle Menschen um dich herum negativ eingestellt sind. Vermeide daher solche negativen Quellen und verzichte auch bewusst auf Filme und Serien, in denen Gewalt und ähnliche negative Szenen vorkommen. Überdenke außerdem dein Umfeld und schaue hier einmal, ob es darin viele Menschen gibt, die eher negativ eingestellt sind oder wenig selbstbewusst auftreten. Natürlich wirst du dich nicht von heute auf morgen vollkommen umstellen und von allen negativen Menschen abwenden können, doch Veränderungen sind hier in jedem Fall möglich. Fange an, dich gezielt mehr mit positiven Menschen und mit einem ebensolchen Umfeld zu umgeben. Du wirst bald merken, wie sich dein allgemeines Wohlbefinden verbessert.

## 21. Inspirationen suchen – Vorbilder für mehr Selbstliebe

Du musst nicht alles allein machen, wenn es darum geht, nach Quellen für mehr Selbstliebe zu suchen. Mir hat es geholfen, mir Vorbilder zu suchen, die stark und positiv mit sich selbst umgehen, die sich nicht den Regeln der Gesellschaft unterwerfen und es schaffen, ihren eigenen Weg zu gehen.

Zu meinen Vorbildern zählen sowohl Promis als auch Influencer. Ich schaue mir außerdem gerne Videos zum Thema „Selbstliebe“ an und bekomme dadurch immer neue Ideen und Eindrücke, die mir bei meiner persönlichen Entwicklung helfen. Suche daher nach Inspirationen in Form von Personen, die dir dabei helfen, mehr Selbstliebe und einen positiven Blick auf dich zu entwickeln.

## 22. Ein positives Körpergefühl – gegen den Schönheitswahn in den sozialen Medien

Bearbeitete Bilder, bei denen nicht mehr zwischen Echt und Unecht zu unterscheiden ist, sind in den sozialen Medien häufig zu finden und bestimmen daher das Idealbild von Körpern sowie die Schönheitsideale der User mit. Dem gegenüber steht die Bewegung der „Body positivity", bei der sich bekannte und weniger bekannte Promis und Influencer für mehr Natürlichkeit einsetzen. Ihnen geht es darum, völlig überzogene und realitätsferne Schönheitsideale abzuschaffen und zu zeigen, wie Menschen wirklich aussehen. Auf diese Weise ist es möglich, sich selbst positiver zu betrachten und damit aufzuhören, einem Schönheitsideal nachzueifern, welches nicht der menschlichen Natur entspricht. Schaue dir ruhig einmal solche Bilder an und freue dich darüber, dass du echte Menschen siehst anstatt künstliche Schönheitsideale, die gar nicht der Realität entsprechen.

Kleiner Tipp: Die #bodypositivity oder #bodypositivitymovement sind definitiv einen Blick wert und helfen dir dabei, ein positives Körpergefühl zu entwickeln und zu stärken.

## 23. Sich selbst beschenken – für Freude sorgen

Wir verbringen viel Zeit damit, uns Gedanken über mögliche Geschenke an unsere Lieben zu machen. Für jeden Geburtstag genau wie für Weihnachten soll es etwas Besonderes sein, was sie überrascht, begeistert und zeigt, wie wichtig sie uns sind. Doch wie ist es eigentlich mit uns? Wir vergessen uns selbst doch immer wieder in dieser Hinsicht. Das muss nicht sein: Mache dir jetzt selbst ein Geschenk! Ganz egal, ob du dir ein gutes Essen, einen Ausflug, Kleidung oder schlicht einen Blumenstrauß schenkst, es geht hierbei allein um die Geste. Denke ebenso an dich wie an die anderen. Außerdem gibt es dabei einen großen Vorteil: Du schenkst dir garantiert ausschließlich Dinge, über die du dich wirklich freust. Ein Umtauschrecht ist hier also definitiv nicht erforderlich.

Ich gebe zu, dass es sich für mich am Anfang etwas merkwürdig angefühlt hat, als ich mir selbst Blumen gekauft oder andere Geschenke gemacht habe. Aber ich habe mich so darüber gefreut, dass es sich bald wunderbar angefühlt hat. Probiere es ruhig einmal aus und fühle in dich hinein, wie es dir mit solchen eigenen Geschenken geht.

**24. Träume und Ziele aufschreiben – Erfülle dir deine Wünsche!**

Es geht bei Selbstliebe nicht allein darum, an sich zu glauben oder sich so zu akzeptieren, wie man ist. Vielmehr geht es ebenfalls darum, sich eigene Wünsche zu erfüllen und Träume genau wie Ziele im Leben zu haben, die man erreichen möchte. Schreibe dir deine Träume und Ziele auf, nimm dir dafür genügend Zeit und erstelle dir eine Liste. Je ernster du dich und deine Bedürfnisse nimmst, desto besser wird es dir auch gehen.

## 25. Das achtsame Leben – mehr Selbstliebe durch Achtsamkeit

Achtsamkeit zu praktizieren, ist eine hilfreiche Grundlage für das Stärken der Selbstliebe. Lebe bewusster, das heißt mehr im Moment, im Hier und Jetzt, und höre damit auf, dich stets über die Zukunft zu sorgen oder über vergangene Ereignisse nachzugrübeln. Beginne lieber damit, gezielt achtsamer zu leben. Meine liebste Übung für mehr Achtsamkeit führe ich bei Waldspaziergängen durch, bei denen ich mich ausschließlich auf den Spaziergang, auf das Rascheln der Blätter im Wind, auf die Luft, die Temperatur und ganz auf den Moment konzentriere. Eine weitere Übung ist das achtsame Essen, bei dem du keine Ablenkungen zulässt und Bissen für Bissen bewusst zu dir nimmst. Konzentriere dich dabei auf den Geruch, die Konsistenz und den Geschmack des Essens. Mir helfen diese Übungen dabei, achtsamer zu leben, weniger über die Vergangenheit nachzudenken und die Welt viel aufmerksamer wahrzunehmen.

## 26. Der Bodyscan – die Wahrnehmung des eigenen Ich

Selbstliebe geht mit der gezielten Wahrnehmung der eigenen Bedürfnisse einher. Eine beliebte hilfreiche Übung ist der sogenannte Bodyscan. Dafür setzt oder legst du dich entspannt hin und lässt deine Aufmerksamkeit wie einen Scanner langsam durch deinen ganzen Körper wandern. Beginne zum Beispiel bei deinen Zehenspitzen und wandere dann Stück für Stück nach oben, ohne einen Bereich auszulassen. Nimm dich wahr, spüre, wo vielleicht nicht alles in Ordnung ist oder welche Bereiche deines Körpers noch eine größere Portion Liebe gebrauchen könnten. Du wirst spüren, wie du dich immer wohler fühlst und dich selbst positiver wahrnimmst.

## 27. Medienstopp – So enden die ewigen Vergleiche

Die dauerhafte Berieselung durch Werbung sowie die Nutzung sozialer Netzwerke führen dazu, dass viele Menschen sich ständig mit anderen vergleichen. Nimm dir als Übung zum einen vor, Medien in einem geringeren Ausmaß sowie achtsamer zu nutzen, und zum anderen, dich nicht mehr mit anderen Menschen zu vergleichen. Ich habe mich früher ständig verglichen und war nach jedem virtuellen Ausflug in die sozialen Netzwerke frustriert, da alle anderen schöner, reicher und sportlicher als ich zu sein schienen. Ich fühlte mich unscheinbar, hässlich und alles andere als zufrieden mit mir selbst. Dann habe ich aufgehört, die sozialen Medien so intensiv zu nutzen, was mir richtig guttat, und halte mich seitdem auf, wenn ich wieder mit dem Vergleichen anfange, was bei mir negative Gefühle auslösen würde.

Mache dir bewusst, dass ein achtsamer Medienkonsum heutzutage gut für das eigene Wohlbefinden ist.

## 28. Dankbarkeit im Leben – dankbar für kleine und große Dinge sein

Wenn Menschen in unserer Gesellschaft heutzutage eines oft nicht sind, dann fällt mir ein Punkt sofort ein: Dankbarkeit – dankbar für alles zu sein, was man hat, dankbar zu sein für seine Gesundheit, für sein Wohlbefinden, die Arbeit und die Chance, jeden Tag zu leben.

Durch Dankbarkeit verändert sich deine Einstellung zum Leben vollkommen, dein Leben wird schöner und bunter, du wirst zufriedener und glücklicher und lernst, unendlich dankbar für dein Leben zu sein. Schreibe dir gerne auf, wofür du dankbar bist – hilfreich ist es ebenfalls, wenn du dir jeden Tag drei Dinge aufschreibst, für die du dankbar bist.

## 29. Zufrieden sein – Minimalismus im Alltag leben

Möchtest du ständig immer noch mehr erreichen und mehr haben und bist nie zufrieden mit dem, was du gerade im Leben hast? Das macht dich unzufrieden, verringert deine Selbstliebe und macht dich wahrscheinlich sogar zu einem Menschen, der stets nörgelt und der nie genug haben kann. Daher ist es so wertvoll, dass du lernst, mit dem zufrieden zu sein, was du bereits hast. Ziehe einen Schlussstrich und mache dir bewusst, dass du schon längst zufrieden sein kannst.

Ein Tipp: Minimalismus hilft dir in allen Bereichen dabei, mit wenig zufrieden zu sein und nicht immer noch mehr haben zu wollen. Ich habe mit Minimalismus bei meiner Kleidung begonnen und bin dann auf meine Wohnung, meine Einkäufe und sogar auf meine Freizeitpläne übergegangen. Seitdem habe ich mehr Ordnung in meinem Leben und das Gefühl, viel zufriedener mit dem zu sein, was ich bereits habe. So bin ich außerdem umso dankbarer für all das, was ich erreicht habe, was ich besitze und was ich erleben darf.

## 30. Sich selbst verzeihen lernen – der liebevolle Umgang mit dir

Ein liebevoller Umgang mit sich selbst ist insbesondere dann grundlegend, wenn du deine Selbstliebe stärken willst. Beginne damit, dir selbst zu verzeihen. Nimm wahr, wann du dich selbst wieder regelrecht anklagst oder dir etwas vorwirfst. Dann fängst du an, liebevoller mit dir umzugehen, indem du dir verzeihst und dir sagst „Ich verzeihe mir“. Mit der Zeit hören diese gedanklichen Vorwürfe auf, du beginnst, anders zu sprechen und zu denken – und du gehst gleichzeitig verständnis- und liebevoller mit anderen Menschen um. Kein Wunder, denn wer sich selbst verzeihen kann, dem gelingt dies ebenfalls in Bezug auf andere Menschen, was wiederum ein großer Gewinn für das Zusammenleben und für die Gesellschaft im Allgemeinen ist. Selbstliebe hilft daher nicht nur dir, sondern letztlich genauso vielen anderen Menschen, die sich über mehr Verständnis, Liebe und die Akzeptanz ihrer Makel und Schwächen freuen.

## Fazit

Selbstliebe hat einen unermesslichen Wert, da es dabei um nichts weniger als die Beziehung zu uns selbst, um mehr Selbstbewusstsein und um die Akzeptanz unserer Schwächen geht. Kritische Stimmen in unserem Inneren zum Verstummen zu bringen, ist hierbei besonders wichtig, da diese Stimmen uns behindern, schwächen und vom Erfolg abhalten. Doch die Annahme von uns selbst und die Akzeptanz der eigenen Stärken und Schwächen ist ebenfalls ein wichtiger Bestandteil der Selbstliebe.

Wer sich selbst liebt, achtet mehr auf sich, schätzt sich selbst und lernt, auf eigene Bedürfnisse zu hören. Insgesamt betrachtet geht eine gesunde Selbstliebe mit vielen Vorteilen einher, die keinesfalls zu unterschätzen sind. Man könnte sogar so weit gehen und sagen, dass es sich dabei um den einzig wahren Schlüssel für mehr Glück in Beziehungen und im Privat- und Berufsleben sowie um die Grundlage fürs Glücklichsein im Allgemeinen handelt. Durch das Entwickeln einer starken Selbstliebe gelingt es uns, uns mehr zuzutrauen, uns nicht ausnutzen zu lassen und, ganz wichtig, uns von toxischen Beziehungen loszusagen.

Für mich persönlich war und ist Selbstliebe dieser Schlüssel für mehr Glück im Leben. Wer sich mehr zutraut, sich selbst respektiert, schätzt und mehr auf Stärken statt auf Schwächen blickt, ist erfolgreicher, emotional stärker und zufriedener im Leben. Selbstliebe hilft dabei, sich mehr Zeit für sich selbst zu nehmen und die ewige Selbstkritik zu reduzieren, die sonst innerlich schwächt. Zusätzlich ist die Macht von positiven Gedanken auf die Selbstliebe (und anders herum) besonders stark und wichtig. Wer positiv denkt, sich wohlwollend betrachtet und aufhört, sich ständig auf negative Weise mit anderen zu vergleichen, gewinnt viel dazu. Mehr Lebensfreude, Stärke, Glück, ein stärkeres Selbstbewusstsein und der Blick auf eigene Bedürfnisse und die persönliche Zufriedenheit, die im Leben so wichtig sind.

An dieser Stelle wünsche ich dir schon jetzt viel Erfolg bei der Umsetzung der im Buch genannten Übungen und bei der Stärkung deiner Selbstliebe – es lohnt sich!

# Haftungsausschluss

Der Inhalt dieses Buches wurde mit großer Sorgfalt geprüft und erstellt. Für sämtliche Inhalte kann jedoch keine Garantie übernommen werden. Dies gilt weder für die Richtigkeit, Vollständigkeit, noch Aktualität der Inhalte. Alle enthaltenen Informationen basieren lediglich auf der eigenen Meinung und persönlichen Erfahrung des Autors.
Der Inhalt darf keinesfalls als medizinische Hilfe gesehen werden. Für selbstverursachte Schäden und Fehlhandlung des Lesers wird daher keine juristische Haftung seitens des Autors übernommen.
Zudem garantiert der Autor keinerlei Erfolge mit den im Buch erwähnten Informationen, da diese wie oben genannt nur auf persönlicher Erfahrung des Autors basieren und lediglich als Unterhaltung dienen sollen. Die Verantwortung für die im Buch beschriebenen Ziele liegt einzig und allein beim Leser selbst.
Gleichzeitig wird keine Haftung für die im Buch angegebenen Quellen und externen Webseiten übernommen. Für all diese Inhalte ist einzig und allein der jeweilige Webseitenbetreiber verantwortlich, weshalb der Autor automatisch von einer Haftung ausgeschlossen ist.

## *Impressum*


1. Auflage 2021

Kontakt: Angelika Lenz-El Ghaouti / Zur Belsmühle 14 / 53347 Alfter
Covergestaltung: deincoverdesign
Coverfoto: deincoverdesign

Printed in Poland
by Amazon Fulfillment
Poland Sp. z o.o., Wrocław

34588651R00068